Valentina Müller

*In den Ketten
des Schicksals*

In den Ketten des Schicksals

Gesehen mit den Augen eines Kindes

herausgegeben von Valentina Müller

Übersetzt von Christine Poppels

Gewidmet meinen Enkeln:

Valentin
David
Denis

Titelbild: Nikolaus Rode

ISBN-3-00-008013-9

2001 Alle Rechte bei Valentina Müller
Professor-Mendel-Straße 4
52511 Geilenkirchen

Printed in Lithuania
Poligrafija@takas.lt

Dank

*Für die freundliche Unterstützung während der Korrekturarbeiten danke ich
Frau Elisabeth Fischer-Holz aus Geilenkirchen.*

Von Herzen Dank an Christine Poppels, mit Ihrer Hilfe hat Sie zur Entstehung dieses Buches beigetragen.

Vielen Dank an alle, die mich mit Ihren Fragen zu diesem Buch bewegt haben.

Die Gleichmäßigkeit
des Laufes der Zeit
in allen Köpfen
beweist mehr als irgend etwas,
daß wir Alle
in denselben Traum
versenkt sind,
ja, daß es Ein Wesen ist,
welches ihn träumt.

Schopenhauer

Jedesmal, wenn ich diesen philosophischen Gedanken lese, ergreift er meine Phantasie, wühlt Gefühle auf, zwingt mich, die Vergangenheit zu analysieren, über meine heutige Existenz nachzudenken. Ich werde, wie von einer großen Kraft getrieben, in meine ferne, traurige Kindheit zurückversetzt.

Ich sehe wieder die Menschen, die mir nahestanden, und deren Schicksale hart und traurig waren. Ihre Lebenswege bestanden aus einer einzigen Abfolge von Episoden, die von Grund auf beängstigend und erschreckend waren, in denen der Schmerz der Ausweglosigkeit und der bitteren Verluste sich in strenger Regelmäßigkeit mit einem neuen abwechselte, der noch stärker war.

Man müßte annehmen, daß im Laufe der Zeit die Erinnerungen verblassen, daß die Zeit einen Schleier des Vergessens über die Vergangenheit legt und der Mensch sich abfindet. Es ist aber nicht so: Auch in den einfachsten, alltäglichen Dingen schlägt das ferne Echo der Erinnerungen wie eine dumpfe Glocke, beunruhigt meine Seele, sucht nach Antworten nicht nur in mir selbst, sondern auch in meiner heutigen Umgebung.

Diese Erinnerungen türmen sich auf wie gewaltige Mengen großer Eisberge in den uferlosen Wassern des riesigen Ozeans, der sie geboren hat, mit ihnen zusammen verschmolzen ist und die sein nicht wegzudenkender Teil werden.

Wenn ich sie in Gedanken durchgehe, bin ich immer wieder betroffen von der unglaublichen Lebenskraft und dem Lebenswillen, die den Menschen in dieser schrecklichen Sturmflut, die alles Menschliche von der Erde wegzuspülen drohte, zu überleben halfen.

Der Mensch! Seine Spuren auf der Erde! Ob diese Spuren wohl immer wahrheitsgemäß und gerecht in der Geschichtsschreibung wiedergegeben wurden und werden? Wieviele einfache, hervorragende Menschen erledigen ihr schwieriges Tagwerk in der gleichmäßigen Routine scheinbar gewöhnlicher Dinge und bleiben von den Geschichtsschreibern unbemerkt?

Auch deswegen ist es die direkte Pflicht der Nachkommen, die Erinnerungen an sie sorgsam in ihr Gedächtnis zurückzurufen – an diejenigen, denen das harte Schicksal zukam, unschuldig Opfer von Repressalien, Gefangenschaft, beispiellosen Greueltaten und von Erschießungen zu werden. An diejenigen, die jahrzehntelang als lebende Zielscheibe für angesammelten Haß und Verachtung hinhalten mußten.

Sie starben in der Hoffnung, daß man sich ihrer Namen in einer lichteren Zukunft erinnern werde – einer Zukunft, die sie erträumten, die ihnen die Kraft gab zu leiden, zu überleben oder zu sterben.

Ihr gesamtes Leben ruft in uns Begeisterung und Stolz hervor und ist uns Verpflichtung, über die bedeutsamsten Dinge überhaupt nachzudenken – **den Preis des Lebens und des Todes, unser nationales geistiges Erbe, die Zukunft.**

Was machte die Menschen so unbeugsam? Was half ihnen zu schweigen, wenn sie gefoltert wurden? Welche Reserven an geistiger Festigkeit brauchte ein Mensch, um jede Minute seines Lebens und sogar den eigenen Tod als eine Form des Kampfes für die eigenen Ideale anzusehen?

Dies sind Fragen, die zu den ewigen Fragen der Menschheit gehören, und leider auch ständig aktuell bleiben.

***

Lieber Leser! In der endlosen und sengendheißen Wüste der menschlichen Schicksale hebe ich vorsichtig ein winziges, heißes Sandkorn auf.

Mit pochendem Herzen umfasse ich es mit meinen Händen, rolle es hin und her, wie in einem lebendigen Kästchen, da es mich mit fast unerträglicher Hitze verbrennt. Durch die rosafarbenen Ritzen zwischen meinen Fingern sehe ich, wie das Sandkorn schwach zu pulsieren beginnt – wie ein menschliches Herz.

Es strahlt Hitze aus, wird größer und beginnt, wie ein Vogel im Käfig, der flatternd schmerzhaft gegen die Gitterstäbe prallt, verzweifelt nach einem Ausgang zu suchen.

Unter dieser lebendigen, pochenden Kraft öffnen sich meine Hände.

Frei und zielstrebig reißt es sich von meinen Händen und fliegt davon, in helle Funken zerstiebend. Meine Augen folgen ihnen und sehen, wie die hellen perlengleichen Funken des Herzens im unendlichen und reinen Blau des Himmels zu weißen Schwänen werden. Sie bilden eine lange Kette, die bis zum Horizont reicht und schlagen im Gleichtakt mit ihren beweglichen, graziösen Flügeln. Ich höre ihren rufenden beunruhigenden Abschiedsgesang und beginne zu beten:

"Lieber Gott, beschütze sie vor rostigen todbringenden Pfeilen, vor scheelen, teilnahmslosen und leeren Augen, laß es nicht zu, daß diese brennenden Funken eines lebenden menschlichen Herzens sterben! Laß ihren beklemmenden rufenden Gesang zu einer warnenden Sturmglocke gegen alles Böse auf unserer Erde werden!

***

Wer bin ich, woher komme ich, wozu und warum bin ich hier, was für ein Wesen bin ich?

Was ist das für eine ungezügelte Macht, die mich wie ein zitterndes Lindenblatt im Wind ungeschützt in eine unbekannte Zukunft treibt, die auf ewig den schweren Vorhang zur Vergangenheit fallen läßt, die die in vielen Jahren entstandenen Gräber der Verwandten und Bekannten zurückläßt, mit einem Wort, die alles, auch die bitteren Seiten der harten, schwierigen Schicksale ohne Bedauern der Vergangenheit überläßt?

***

Mit dem feinen Gefühl des Kindes habe ich damals die Bilder, fassungslose, verwirrte Gesichter mir nahestehender Menschen, die mich umgaben, für immer festgehalten. Selten einmal sah ich auf ihnen den Abglanz eines Lächelns. Immer waren ihre Blicke gesenkt, voll von ausweglosem Kummer und Schmerz, aber manchmal auch abwesend, total entrückt von allem Lebendigen. Wenn ich sie in so einem Zustand unerwartet antraf, überkam mich Furcht und Entsetzen. Sie sahen aus wie echte, aber noch lebende, ausgetrocknete Mumien. Auf ihren Gesichtern war der letzte Lebensimpuls verewigt: ein unglaublich verzehrender physischer Schmerz. Offensichtlich hat ein stiefmütterliches Schicksal diesen Unglücklichen eine solch qualvoll-erniedrigende und hoffnungslos-verdammte Existenz bereitet, daß das kurze Leben, welches jedem Menschen auf Zeit gegeben wird, ihnen wie alptraumhafte Ewigkeit erschien.

Vorgeschichte

Ich wurde in der Verbannung im kalten Norden Kasachstans geboren. Meine Eltern wurden 1941 aus dem Kaukasus dorthin vertrieben – als Feinde des russischen Volkes, zu denen sie gleich zu Beginn des Krieges nur aus dem einzigen Grund erklärt wurden, daß sie deutscher Nationalität waren.

Wer war mein Vater? Aus welcher Familie stammte er? Die Frage scheint einfach, vielleicht etwas naiv. Jeder sollte seine Vorfahren kennen.

Alles richtig, aber ungeachtet der mühseligen Versuche, eine Linie zu den Vorfahren meines Vaters zu finden, ist mir bis heute nicht gelungen. In unserer Familie wurde darüber nicht gesprochen. Mein ältester Bruder Johannes, der seinen Namen nach meinem Vater bekommen hatte, war neben meinem Vater der Einzige, der eingeweiht wurde. Leider ist mein Bruder unvorhergesehen verstorben und konnte dieses Wissen an niemanden mehr weitergeben.

Mein Vater verstarb 1957, in einer Zeit, in der wir Deutsche nicht mehr der Kommandatur unterlagen, die aber trotzdem beunruhigend, unsicher und unklar für das Schicksal der Deutschen im Rußland der Nachkriegszeit war.

Später, als ich bereits erwachsen war, habe ich mich in der Hoffnung, meine Verwandten väterlicherseits zu finden, mit Anfragen an verschiedene Instanzen gewandt, aber es war alles vergebens. Sowohl in Kuban, als auch in den Regionen von Krasnodar, wo mein Vater mit seiner Familie vor dem Kriege lebte, waren alle Unterlagen vernichtet worden. Meine Mutter konnte mir Jahre später nur den Geburtsort und Geburtstag meines Vaters nennen – Bessarabien, 1882 oder 1888. Das war alles. Durch den Vatersnamen meines Vaters – er hieß Iwan Samoilowitsch – weiß ich, daß mein Großvater Samel hieß, genauer gesagt Samel Miller.

Auf dem zerknitterten Teil eines Papiers, das in der Mitte grob durchgerissen worden war und mir auf meine schriftliche Anfrage am 22.12.1989 von der Rayonverwaltung für innere Angelegenheiten der Kasachischen SSR der Stadt Irtysch ausgegeben wurde, steht in kurzen Worten: Ihr Vater Miller, Iwan Samoilowitsch, wurde 1882 geboren.

Tag und Monat sind unbekannt. Geburtsort ist das Dorf Wannowka, Rayon Tiflis, Oblast Kuban. Er besaß einen Personalausweis, ausgestellt am 16.12.1947 in der Rayonverwaltung für innere Angelegenheiten der Stadt Irtysch.

Das waren Angaben, flüchtig von jemandem registriert, als unsere Familie am Verbannungsort eintraf. Ihnen zufolge wurde meinem Vater 1947 ein Personalausweis ausgestellt. Aber diese Angaben sind nicht wahr.

Aus Erzählungen von Landsleuten und von hochbetagten Alten, die meinen Vater gut gekannt haben, konnte ich seinen Lebensweg nur bis 1915 zurückverfolgen. Der Teil seines Lebens nach seiner Geburt ist verschwunden, als ob es ihn nie gegeben hätte, und damit auch seine Verwandschaftslinie.

1915 heiratete mein Vater die Tochter des Dorflehrers. 1916 wurde ihnen ihr erster Sohn Johannes geboren. Das sechste und letzte Kind der Familie kam 1928 zur Welt. Nach einer langen und schweren Krankheit verstarb 1937 die erste Frau meines Vaters und ließ ihn mit 6 Kindern zurück.

Meine Mutter hatte zu diesem Zeitpunkt schon zum dritten Mal eine Enteignung als Kulakin durchleben müssen, zum dritten Mal wurde sie durch die russischen Behörden zum Feind des russischen Volkes erklärt und zum dritten Mal versteckte sie sich mit ihren zahlreichen Kindern in den Wäldern des Rayon Tiflis der Region Krasnodar. Ihr erster Mann - Heinrich Hergert - wurde 1929 verurteilt und 1930 als Kulak erschossen. Ihr zweiter Mann - Karl Weber – wurde 1937 verurteilt und als politisch unsicheres Element und Feind des russischen Volkes im gleichen Jahr erschossen. Vom ersten und zweiten Mann blieben ihr 5 minderjährige Kinder. Dazu kamen noch drei Mädchen – Ziehkinder, die sie während ihrer ersten Ehe aufnahm und nach der Erschießung ihres Mannes wie ihre eigenen aufzog.

Mein Vater hat sie 1939 geheiratet, als sie nach einem im Wald verbrachten Winter mit der Schar ihrer verwaisten Kindern auf der Suche nach Arbeit und einem Unterschlupf in sein Dorf kam. Beide Menschen, die bereits mehrmals die Grausamkeiten des Lebens erleiden mußten, beschlossen ihr Schicksal zu verbinden, um sich in der Not zu helfen. 12 Paar Kinderaugen schauten mit Hoffnung auf sie, bettelten um Essen, um die Wärme eines häuslichen Herdes, um Aufmerksamkeit und Fürsorge. Ungeachtet der ganzen Nöte waren die beiden glücklich. Das Glück, das ihnen lächelte, dauerte nur kurz – bis zum schicksalhaften Kriegsjahr 1941.

Kuban bzw. die Region Krasnodar, wo meine Eltern zu der Zeit lebten, lag auf dem Weg der zielgerichtet angreifenden Hitlerarmee. Die Zeit drängte. In aller Eile stellten die örtlichen Behörden Listen der dort ansässigen Einwohner deutscher Nationalität zusammen. Sie gingen von Haus zu Haus und trieben die Menschen zur Zwangsumsiedlung nach Sibirien und Nordkasachstan zusammen.

Vater und der sterbende Wolf

Mir war es beschieden, in jener schrecklichen und schweren Zeit als letztes, dreizehntes und dazu noch, rundheraus gesagt, als unerwünschtes Kind in unsere große Familie geboren zu werden. Wie seit uralten Zeiten handelte die Natur nach ihren eigenen Gesetzen und sorgte sich um die Fortsetzung des Lebens auf unserer schönen Erde. Und das allem Elend und Unglück zum Trotz. Meinem Schicksal erschien allerdings meine Geburt überhaupt nicht erwünscht, denn es hat mir im Leben viel Unglück gebracht.

Unsere damalige Behausung halb unter der Erde, unser Erdhaus, war leer, wie ausgefegt. Meine Mutter war schon älter und weil es fast nichts zu essen gab, war Hunger ihr ständiger Begleiter. So war es ihr auch nicht möglich, mich nach meiner Geburt mit der so lebensnotwendigen Muttermilch zu ernähren. Kaum hatte ich das Licht der Welt erblickt, es noch nicht einmal richtig wahrgenommen, war ich schon zum Hungertod verurteilt. Nur durch die Lebenstüchtigkeit meines Vaters wurde ich dennoch zum Leben verpflichtet. Weil seine Gesundheit in jener Zeit schon zu wünschen übrig ließ, war er als Wächter auf einer Tierzuchtkolchose angestellt worden. Auf seine inständige Bitte hin gab der Vorsitzende der örtlichen Kommandantur die Erlaubnis, für mich, seine Tochter, jeden Tag 200 Gramm Schafsmilch auszugeben. So wurden Schafe und auch Stuten, die gerade geboren hatten, die ersten, die mich am Leben erhielten.

Ich wuchs als schwächliches und kränkliches Kind auf. Offensichtlich deshalb wurden mir auch kleine Bevorzugungen in der Familie zuteil.

So stand zum Beispiel mein Bett am besten Platz in unserem armseligen „Haus" hinter einem Schirm an der Wand, direkt am immer warmen und behaglichen Ofen. Auch durfte ich nachts unter die Zudecke meine Katze mitnehmen, deren Schnurren mich einschlafen ließ. Einem gerade geborenen Zicklein, das noch nicht fest auf seinen Beinen stehen konnte, wurde erlaubt, auf mein Bett zu klettern. Man hatte es ins Haus gebracht, damit es nicht in der Scheune erfriere. Es durfte sich einen Platz auf meinen Beinen aussuchen, sich auf der Zudecke bequem zum Schlafen hinlegen und mich bis zum Morgen wärmen. Die Zudecke hatte meine Mutter aus alten Flicken genäht. Wurde das Zicklein morgens wach, stieg es langsam bis zu meinem Gesicht herauf, wobei es mit seinen kleinen, aber spitzen Hufen einfach über mich hinwegtrat. Es fand mein warmes Näschen und machte sich daran, verzweifelt an ihm herumzusaugen. Das Zicklein hielt meine Nase für die mütterliche Zitze, aus der doch bestimmt warme, süße Milch fließen müßte.

Sobald ich mein Gesicht verbarg, wurde es böse und wollte in meine Ohren beißen. Schmerzhaft stieß es mich mit seinem Mäulchen an den Hals, meckerte leise und zog mich an den Haaren, beharrlich die mütterliche Milchquelle suchend.

Mein Kater, den diese Balgerei dann endgültig aufgeregt hatte, sprang unter der Decke hervor. Er fauchte, zeigte seine scharfen Krallen und wies die dreist gewordene kleine Ziege, die ganz verdutzt war, weil sie seine Angriffe nicht erwartet hatte, zurecht: Blitzschnell versetzte er ihr schmerzhafte und für sie ärgerliche Ohrfeigen. Wenn der Lärm sich bis in die höchsten Töne gesteigert hatte, kam gewöhnlich mein Vater herbei, brachte die Kämpfenden auseinander und jeden wieder an seinen Platz.

In den Wintermonaten, wenn die grimmigen, eiskalten Schneestürme ihr wehmütiges Lied anstimmten und die umherstreifenden, hungrigen und nach Beute suchenden Wölfe mit ihrem durch Mark und Bein gehenden Geheul in ihr Lied einstimmten, war in mir nur noch eine entsetzlich große Angst.

Unsere Erdbehausung stand am Rande des Dorfes. In den Siedlungen gab es etwa 15 bis 20 solcher halb in die Erde eingegrabenen „Wohnungen", die sich in einem Abstand von ungefähr einem Kilometer befanden. Umgeben waren sie von Hunderten Kilometern unbewohnter, grenzenloser kasachischer Steppe. Meistens waren die Erdbunker vom Schnee verweht. Dann wurden nur enge Schneetunnel von den Fenstern und Türen zu den Schuppen und nach oben zur Sonne und zum Licht gegraben.

Wenn mitten in der Nacht die Hunde in den Schuppen wie rasend zu bellen anfingen und plötzlich abrupt in ein klagendes, einschmeichelndes Gewinsel übergingen, und hier und dort das Knallen von Gewehrschüssen zu hören war, dann wußte ich: Irgendwo ganz in der Nähe sind Wölfe. Hungrig und deshalb böse, verübten sie verzweifelte, gewagte, hinterhältige Angriffe. Sie fielen in die Schuppen ein, wo sich das Vieh befand, und trugen ihre Opfer weg, wenn der Hausherr ihre Attacken nicht rechtzeitig beendete. Deshalb wurde im Dorf ein Wachtdienst eingerichtet, damit bei einem Überfall die Dorfbewohner rechtzeitig geweckt werden konnten.

Soft ich mich auch erinnere, immer habe ich mit Ungeduld auf den späten Abend gewartet, wenn im „Haus" der Lärm verstummt war und überall nächtliche Ruhe herrschte. Dann schlich ich mich an den Schlafenden vorbei in die Küche. Sie war der größte Raum, und dort arbeitete nachts mein Vater. Die Nachtzeit nutzte er gewöhnlich dazu, um abgetragene Filzstiefel und andere Schuhe, die ihm von den Menschen aus unserem Dorf gebracht wurden, zu reparieren. Dadurch verdiente er zum Frühstück für sich und seine große Familie ein Stück Schwarzbrot und einen Krug Milch.

Abends öffnete Vater das Türchen einer kleinen Kammer, die mit alten Schuhen vollgestopft war, holte sich einige Paare heraus und arbeitete die ganze Nacht lang. Meistens reparierte er aber ganz verschiedene alte Dinge, welche hiesige kasachische Schafhirten ihm brachten.

Er bemühte sich stets, für sie alles so schnell wie möglich zu erledigen. Die „Bezahlung" war immer großzügig. Er erhielt für seine Arbeit saure oder frische Milch, Butterschmalz, „Baursaki" (kleine viereckige Stückchen eines runden Weizenteigs, die in Fett gekocht wurden und sich sehr lange hielten), Käse, manchmal aber auch Schwarzbrot. Besonders wertvoll waren kleine runde „Konfetki-Kurd", die aus Schafskäse hergestellt wurden. Sie waren sehr sauer und hart. Dafür konnte man sie drei bis vier Stunden im Mund zergehen lassen und verspürte überhaupt kein Hungergefühl.

Häufig brachten aber auch unsere deutschen Frauen mit ihren Kindern, die man zusammen mit unserer Familie hierher verschleppt hatte, ihre löchrigen Filzstiefel und anderes Schuhwerk. Die Ehemänner dieser Unglücklichen waren bei Kriegsbeginn in die sogenannten „Arbeitslager" deportiert worden. Ihre Frauen mit ihren vielen Kindern wurden der Gnade Gottes überlassen.

Sobald die Schafhirten ihre reparierten Sachen abgeholt und als „Bezahlung" die schon beschriebenen „Reichtümer", dagelassen hatten, wurden sie von meiner Mutter auf einem großen Tisch ausgebreitet. Vater und Mutter, beide zusammen, teilten dann alles, was sie bekommen hatten, in einzelne kleine Häufchen auf, gleichmäßig für alle vaterlosen Familien. Anschließend wurden die guten Gaben in saubere alte Lappen von der Größe eines Kopftuchs gewickelt. Kamen die verwitweten Frauen, um ihre reparierten Sachen abzuholen, erhielt jede von ihnen ihre Portion Lebensmittel. An den Tagen, an denen ein kräftiger Schneesturm wütete und ein so strenger Frost herrschte, daß sie nicht nach draußen gehen konnten, weil keine von ihnen etwas Warmes gegen eine derartige Kälte zum Anziehen besaß, brachte mein Vater den Witwen und ihren Familien die Lebensmittel selbst.

Vater arbeitete fast die ganze Nacht hindurch, und kümmerte sich dabei auch um das Ofenfeuer und um die nächtliche Ruhe. Es blieb warm und behaglich und so entstand das nötige Gefühl der Geborgenheit und auch des Glücks in der Familie. Wenn er an der Reihe mit der „Wolfswache" war, so übernahm er gleichzeitig auch noch diese Aufgabe.

In meiner Erinnerung ist mir ganz besonders ein Erlebnis geblieben, das ich in einer dieser eiskalten Winternächte hatte.

Ein stark brausender Wind hatte mich geweckt, der ewige Vorbote eines Schneesturms. Er wehte, tastete und schabte über das Dach und hörte sich so unheimlich an, daß man denken konnte, der Teufel würde dort oben umhergehen. Bald pfiff der Wind bösartig und langgezogen im Ofenrohr, bald schlug er in seiner rasenden Wut an Türen und Fenster, und jagte mir Angst und Schrecken ein.

Gewöhnlich konnte ich das alles ruhig aushalten, weil ich wußte, daß es vorbeigehen wird. Als ich aber plötzlich das bekannte hohe Geheul der Wölfe hörte, das sich mit dieser Naturgewalt vermischte, meine kleine Ziege bei mir im Bett heftigst zu zittern und zu blöken anfing, kroch ich schnell unter meinem lebenden Pelzmantel hervor und lief Hals über Kopf zum Vater, um bei ihm Sicherheit und Schutz zu suchen.

Es war schon nach Mitternacht. Mein Vater, offensichtlich erschöpft von der Arbeit des ganzen Tages, befand sich in einer Art Dämmerschlaf. Er lag halb ausgestreckt auf einem riesigen Strohhaufen, den er am Abend in unsere Hütte gebracht hatte, um bis zum Morgen damit das Ofenfeuer aufrechtzuerhalten. Zu seiner rechten Seite lag ein schußbereites Jagdgewehr.

Bekleidet war er mit einem bis zum Boden reichenden, langen Schafpelz, Filzstiefeln und einer warmen Schaffellmütze mit Ohrenklappen.

Seine großen Augen, einstmals von hellblauer Farbe, wirkten wie erloschen, wie zwei Stückchen kalter Asche. Weit geöffnet, bewegungslos und nichts wahrnehmend, waren sie auf einen Punkt gerichtet.

In der Nähe stand ein Korb mit getrocknetem Mist. Der Mist diente bei uns als Kohleersatz und wurde sehr sparsam verwendet. Man legte ihn erst in der zweiten Nachthälfte in den Ofen, weil er lange glomm, das Feuer unterhielt und damit die Wärme anhielt.

Die Herstellung dieses Brennmaterials war Pflicht der Kinder. Kuhmist, den man zwei bis drei Wochen sammelte, wurde trockenes Stroh beigemischt, und dann wurde die Masse festgetreten. Daraus formte man kleine Fladen mit einem Durchmesser von ungefähr 20 bis 25 cm. Sie wurden direkt auf die Erde gelegt und im Sommer unter der kasachischen Sonne, die manchmal 40 und mehr Grad erreichte, getrocknet. Die Fladen mußte man rechtzeitig umdrehen. Wenn sie trocken und brüchig waren, stapelten wir Kinder sie vorsichtig im Schuppen zu einer riesigen Pyramide so auf, daß zwischen jedem Fladen ein kleiner Luftspalt blieb, damit sie sich nicht selbst entzündeten.

Manches Jahr, wenn der Winter sehr lange dauerte, der Frühling mit seiner ersehnten Wärme noch auf sich warten ließ, aber die Fladen und die Strohvorräte zu Ende gingen, gab es für die Familie weder Wärme noch Licht. Das war für uns immer eine Katastrophe. Alle Familienmitglieder wurden zusammengerufen, von den kleinen bis zu den großen, um eine neue Anzahl von Fladen für den nächsten Winter zu planen. Jeder wußte dann schon im voraus, wieviel Stück er während des Sommers trocknen mußte.

In dieser Sturmnacht wollte ich nun, von meiner Angst getrieben, ganz schnell zu meinem Vater. Ich stolperte dabei über den in seiner Nähe stehenden Korb und stieß mich schmerzhaft. Vom Lärm und meinem Schmerzensschrei aus seinem Schlummer geweckt, blinzelte Vater mit den Augen. Er zog mich liebevoll an sich, öffnete den Schafpelz und wickelte mich so in ihn ein, daß nur noch Nase und Augen herausschauten. Ich umfaßte seinen mageren, wie zu einem lebendigen Skelett ausgemergelte Körper, vor Kälte und Angst zitternd.

„Hast du Angst?", fragte er mich zärtlich. „Ja, die Wölfe heulen ganz in der Nähe."

„Fürchte dich nicht, die Wölfe sind nicht schrecklich. Sie fürchten uns mehr als wir sie. Sie sind jetzt hungrig, vielleicht haben sie Junge und suchen Nahrung. Schlaf nur ruhig. Ich arbeite ein wenig weiter."

Mein Vater stand auf, hielt mich vor sich wie einen Säugling und ging zu seinem ganz dicht neben dem einzigen Fensterchen stehenden kleinen Schustertisch. Nachdem er die Flamme in der verrusten Petroleumlampe etwas höher gedreht hatte, setzte er sich auf seinen niedrigen, mit Leder bezogenen selbstgezimmerten Schusterschemel, nahm mich auf seine Knie, wickelte meine Beine in ein altes, sehr großes Federbett und stellte die Füße auf einen Hocker. Dann knöpfte er seinen Schafpelzmantel zu und begann, Filzstiefel zu besohlen. Seine Hände bewegten sich automatisch, wie bei einem Roboter, und arbeiteten sehr sorgfältig.

Während der Arbeit, erzählte er mir ruhig und versonnen Märchen. Alle seine Märchen, die er mir erzählte, habe ich später in Büchern gesucht, aber nicht eines von ihnen gefunden. Erst 40 Jahre später, absolut unerwartet, offenbarte sich mir ihr Geheimnis.

Das war an dem Tag, an dem ich zum ersten Mal in das ferne, bis dahin für mich nur durch nebulöse und durchaus nicht positive

Beschreibungen vorstellbare, in den Träumen meines Vaters aber gepriesene, heißersehnte und rätselhafte Deutschland kam.

Das Zuhören, die Monotonie seiner Bewegungen, aber vielleicht auch die frühen Stunden vor Tagesanbruch, hatten mich erschöpft und machten mich sehr schläfrig. Ich hatte meinen Kopf bequem an den breiten Kragen des dicken väterlichen Schafpelzes geschmiegt und war gerade eingeschlafen, als ich plötzlich deutlich ein Geräusch hinter dem Fenster hörte: So knirschte der Schnee, wenn wir Kinder unsere Schlitten über ihn zogen. Und dann begann unser Hund ganz aufgeregt zu jaulen.

Vater, er hatte auch etwas bemerkt, nahm die Lampe und hielt sie direkt an die Fensterscheibe. Unmittelbar vor unserem Fenster auf dem Schnee sahen wir einen riesigen roten Wolf. Er versuchte, sich mit den Vorderpfoten aufzurichten und bewegte mühsam seinen Körper vorwärts, wobei er eine breite rote Spur im Schnee hinterließ. Es gelang ihm, ganz nahe ans Fenster heranzukriechen. Ich konnte seine Augen, aus denen ein Rinnsal Tränen floß, genau erkennen. Der verzweifelte Schmerz, der ihn kurz vor seinem Tod ergriffen hatte, und offensichtlich die Hoffnung auf Rettung, zwangen ihn, den Wolfsinstinkt zu vergessen und sich in Richtung Licht zu bewegen. Seine durch Tränen und Schmerz verschleierten Augen flehten um Gnade und Hilfe.

Überrascht und erschüttert durch das unerwartete Zusammentreffen mit jenem schrecklichen, legendären Geschöpf, das in meiner kindlichen Phantasie geschaffen wurde und das jetzt nun in Wirklichkeit so hilflos vor meinen Augen lag und uns um Hilfe bat, konnte ich nur noch flüstern:

„Papa, Papa, sieh ihm in die Augen! Sieh ihm doch nur in die Augen! Er hat genau solche wie du! Siehst du? Und er weint, schau, er weint doch!"

Mein Vater sah mich seltsam an, setzte sich schnell auf seinen Schusterschemel, gerade so, als wenn er fürchtete zu fallen und sagte mit erstickter Stimme:

„Ja, mein Engel, das hast du genau bemerkt. Meine Augen sehen auch so aus wie die des Wolfes, den der Tod ereilt."

Er schwieg eine Zeitlang, nahm dann automatisch seinen Schusterhammer in die Hand, rückte die Leiste mit dem Filzstiefel näher heran und fing an, ihn fieberhaft zu bearbeiten. Dann sprach er, wie zu sich selbst, weiter:

„Der Wolf ist hierher gekrochen, weil er uns um Hilfe bittet, weil er leben möchte. Er hat Blut verloren und starke Schmerzen in der Wunde. Er ist bei sich zu Hause, in seinem Land, auf seiner Erde. Hier ist er der Hausherr. Es war seine eigene dumme Unvorsichtigkeit, daß er auf Jäger gestoßen ist. Er will nicht sterben.

Aber ich, wer bin ich? Ich habe keine äußerlichen Wunden, nur innerliche, sie sind aber noch viel schmerzhafter. Deshalb hat es der Wolf leichter als ich."

Mein Vater war starr, wie versteinert, er sah und hörte nichts. Nur große Mannestränen flossen langsam über seine alten, eingefallenen, faltigen Wangen. Sie tropften mir auf Gesicht und Lippen und hinterließen für immer ihren salzig-bitteren, unangenehmen Geschmack in meinem Mund und meiner kindlichen Seele.

Als ich Vater in diesem Zustand sehen mußte, was sehr selten vorkam, wurde ich ganz still und hielt den Atem an, wie ein Mäuschen, das fürchtet, gerade in dem Moment entdeckt zu werden, wenn es etwas stiehlt. Außer mir hatte er niemandem erlaubt, ihn so zu sehen. Mit meinem kindlichen Gefühl verstand ich das gut und bewahrte es wie ein Geheimnis, welches nur uns beiden gehörte, mir und meinem Vater. Ich schätzte sein Vertrauen sehr, weil ich wußte, was für ein stolzer und unnahbarer Mann mein Vater war. In der Familie wurde er fast gefürchtet. Jeder wußte, wie streng er in bestimmten Situationen sein konnte. Trotzdem liebten ihn alle sehr, und er besaß hohe Autorität. Sein Wort war absolutes Gesetz für alle – ohne Ausnahme.

Schon damals habe ich verstanden, daß ich für ihn das teuerste Geschöpf in dieser Zeit war. Manchmal erschien es mir, daß nur meine Existenz meinen Vater noch am Leben hielt. Meine Schutzlosigkeit, die Unsicherheit meines weiteren Schicksals, gaben ihm Kraft, zwangen ihn zu leben. Dadurch bewahrte er mich, soweit es ihm möglich war, vor Bösem und Unglück in dem schrecklichen Durcheinander der damaligen Zeit. Mit seinen oft widersprüchlichen Forderungen, seinem Verhalten, aber auch mit den Gefühlen, die er mir entgegenbrachte, versuchte er, in mir den Widerstand gegenüber dieser entsetzlichen Welt zu festigen, was mich erschreckte und für mich absolut unverständlich war.

Ankunft einer Zigeunerfamilie, Aufnahmevorbereitungen, Strudel

Am Tag nach diesem Erlebnis wurde ich sehr spät wach. Weder mein Kater noch meine kleine Ziege waren bei mir. Alle Betten waren ordentlich gemacht und im Haus war niemand mehr. Offensichtlich hatte mich Vater, als ich eingeschlafen war, in mein Bett hinübergetragen. Durch die nächtlichen Ereignisse sehr erschöpft, hatte ich fast bis zum Mittagessen durchgeschlafen. Das konnte ich mir an den Tagen erlauben, an denen die Schule wegen der strengen Kälte und der Schneestürme geschlossen war, und die Kinder diese Tage zu Hause abwartend vorübergehen ließen.

Sehr früh am Morgen stand als erste meine Mutter auf. Saß Vater dann immer noch arbeitend an seinem kleinen Schustertisch, schickte sie ihn nach kurzer Zeit ins Bett und begann, neben dem Ofen zu hantieren. Sie heizte ihn mit Stroh gut an, und bereitete Frühstück und Mitagessen gleichzeitig zu. Jedes erwachsene Familienmitglied erfüllte seine Pflichten auf dem ihm zugewiesenen Arbeitsbereich in der Kolchose und mußte pünktlich am Arbeitsplatz sein. Im Winter arbeitete Mutter auf der Schaffarm. Sie half den Muttertieren bei der Geburt der Jungen (Ziegen und Schafe), versorgte sie, melkte sie und verteilte die Milch an alle Jungtiere.

Morgens um halb sieben saßen alle Familienmitglieder beim Frühstück zusammen. Es gab aus einer großen Kanne Kaffee, mit Milch gekocht, und ein Stück rundes, flaches Kleiebrot. Dieses „Brot" wurde aus einem Kleieteig gebacken, dem man zum Binden etwas Mehl beifügte. Mehl hatte damals praktisch niemand. Die Kleie wurde über das Kontor ausgegeben, streng nach Listen. Kaffee wurde im Herbst „hergestellt":

Meine Mutter machte sich auf dem Hof selbst einen Ofen, in den sie einen großen Kessel einbaute. In diesen Kessel wurde gereinigter Hafer geschüttet. Dann röstete man ihn so lange, bis sich schwarzer Qualm entwickelte. Die Haferkörnchen verwandelten sich in ein bitteres verkohltes Etwas, was wir Kinder dann in hölzernen Mörsern zerstießen, bis eine einheitliche schwarzpulvrige Masse entstand.

Danach wurde das Pulver in Gläser abgepackt und den ganzen langen Winter über zur Zubereitung von Kaffee verwendet.

Ich fand mein Frühstück in der Küche, in der Bratröhre – einer quadratischen Öffnung im Ofen, abgetrennt mit einem Eisenblech. Wenn der Ofen geheizt wurde, erhitzte sich die Bratröhre stark und gab Wärme ins Zimmer ab. Sobald das Ofenfeuer schwächer wurde, stellte man das zubereitete Essen hinein, machte die Tür fest zu und bewahrte so das Essen lange heiß. Als ich etwas gegessen hatte, stand der kleine Zeiger unserer Wanduhr auf der Zahl 11 und der große auf der 6. So konnte ich feststellen, daß es ungefähr Mittagessenszeit war und daß bald, in ein bis eineinhalb Stunden, mein Vater kurz vorbeikommen würde. Er würde dann nach mir sehen und mir, wenn ich hungrig wäre, etwas zu essen geben und in der Scheune alles in Ordnung bringen.

An diesem Tag kam Vater aber später als gewöhnlich. Aus einem kleinen Fenster konnte ich beobachten, daß er nicht ins Haus kam, sondern den Hof aufräumte. Er machte die Schneetunnel von den Türen zu den Scheunen sauber, fegte den Eingangskorridor, dann hantierte er lange in der kleinen Kammer herum und sortierte alte Sachen und Schuhe heraus.

Nach einiger Zeit kamen meine Mutter, meine älteste Schwester und meine zwei älteren Brüder, die damals noch mit uns zusammenlebten, von der Arbeit. Meine Schwester half unserer Mutter auf der Farm.

Weil ganz sorgfältig darauf geachtet wurde, daß die Wärme im Haus blieb, wußte ich: Die Tür wird sich nur einmal öffnen, und zwar erst dann, wenn alle versammelt sind. Mir blieb nichts weiter übrig, als geduldig zu warten, bis die Erwachsenen draußen fertig waren. Zu mir drang nur ein lebhaftes Gespräch aus dem Korridor. Irgend etwas wurde besprochen oder geplant, und ich ahnte schon, daß das alles nicht einfach war.

Schließlich drehte sich der Schlüssel im Schloß und die Tür öffnete sich weit. Sofort kam, sich kräuselnd und zusammenballend, eine riesige weiße Wolke Frostluft ins Zimmer geflogen. Wie aus einem Märchen tauchten hinter ihr die verschneiten Gestalten der Menschen auf. Sie hatten rote Nasen vor Kälte, schnieften, ächzten und stampften mit ihren zu Eisklumpen gefrorenen Filzstiefeln. Jeder trug etwas: Einer hatte einen ganzen Arm voll Stroh, der andere trug einen Korb voll getrockeneten Mist, meine Mutter einen Eimer mit Kartoffeln und anderen Lebensmitteln. Vater hatte einen Arschin (zwei kreuzweise zusammengeschlagene Latten, die ungefähr 2 m lang waren und ein Metermaß ersetzten) und andere Tischlerwerkzeuge mitgebracht. Ihre Gesichter und Augen waren weißbereift und erinnerten mich an dicke, treuherzige und gutmütige Schneemänner. Meistens verbarg ich mich in diesem Moment vor dem Schwall Frostluft hinter dem Ofen, zugedeckt mit einem großen alten Federbett. Es schützte mich vor der Kälte, die von den Hereinkommenden mitgebracht wurde.

Am besorgten Verhalten meines Vaters konnte ich erkennen, daß etwas nicht ganz Alltägliches vor sich ging. Voller Ungeduld und Neugier lief ich auf ihn zu, wollte gerade meinen Mund zu einer Frage öffnen, aber da kam er mir mit seinem Blick zuvor. Er schaute erst mich streng an, dann meine Mutter und sagte kurz, aber bestimmt: „Maria, heute ist hier kein Platz für das Kind. Sorge dafür, daß in einer dreiviertel Stunde niemand mehr in diesem Zimmer ist." Wie für mich, so galten diese Worte für alle im Haus in gleicher Weise. Und so beeilten sie sich und beendeten schweigend in der noch verbliebenen Zeit ihre Arbeit in der Küche.

In diesen Situationen duldete mein Vater keine Widerworte oder Ungehorsam. Deshalb ging ich ganz still weg, setzte mich auf meinen kleinen Stuhl und beobachtete das Geschehen.

Meine Mutter kochte an jenem Tag ein Gericht, das als althergebrachtes deutsches Essen galt: Strudel. Alle – ohne Ausnahme – mochten es sehr gern. Gab es Strudel zum Mittagessen, dann war für uns fast ein Feiertag. Im Dorf wurden auch alle Deutschen „Schtrul" oder „Schtruli" genannt. Aber nur, wenn man in guter Stimmung war und das war selten. Diese Anrede war ein freundlich gemeinter Spitzname gegenüber uns Deutschen. Im allgemeinen aber „klebte" an uns unsichtbar, aber dafür umso fester ein Schild mit der Aufschrift „Diese Deutschen" welches mit „Faschisten" vergleichbar war.

Dieser Strudel wurde in einem gußeisernen Topf mit gut passendem Deckel hergestellt. Zuerst wurde ein einfacher weicher Teig aus Mehl, abgekochtem Wasser und Salz angerührt, ohne Eier oder sonstige Zusätze. Diesen Teig teilte man in drei gleiche Stücke, rollte ihn zu drei Fladen von ungefähr einem Zentimeter Dicke aus und bestrich sie reichlich mit weicher Butter. Dann wurden sie in der Hälfte zusammengeklappt und mit einem sauberen Handtuch bedeckt, damit die Teigstücke gut „durchweichten".

Inzwischen wurde im Topf kleingeschnittenes Fleisch mit Zwiebeln hellbraun angebraten, dann Wasser sowie in Würfel geschnittene Kartoffeln dazugegeben und aufgekocht. Jedes der nun schon elastisch und weich gewordenen Fladenteigstücke wurde dünn ausgezogen und so sehr gedehnt, daß man hindurchsehen konnte wie durch ein Stück Pergamentpapier.

Anschließend rollte man jedes dieser Stücke zu einem runden, langen Strudel zusammen und verteilte sie auf die Kartoffeln und das Fleisch.

Danach kam der Deckel auf den gußeisernen Kochtopf. Blieb an einer Stelle ein kleiner Spalt offen, wurde ein feuchtes zusammengerolltes Handtuch darauf gelegt, damit der Dampf nicht nach außen entweichen konnte. Bei schwacher Hitze garte alles 30 bis 35 Minuten.

Mit einem Messer wurden die Strudel anschließend in kleine Stücke geschnitten und mit einer langen Gabel zerrissen. Den ganzen Topfinhalt stürzte man auf einen großen runden Teller, und zwar so, daß die Strudel sich ganz zuunterst – anstelle von Brot – befanden und die Kartoffeln mit den Fleischstückchen darauf. Jeder bekam dann eine Portion auf seinen Teller.

Leider gab es aber dieses Essen äußerst selten: Waren doch Fleisch und Mehl damals Mangelware. Fleisch wurde überhaupt nur zu Feiertagen ausgegeben. Manchmal war es Hammelfleisch, meistens aber Pferdefleisch von alten geschlachteten Tieren, die nicht mehr zur Arbeit taugten. Allerdings waren die zugeteilten Fleischportionen so klein, daß man sie im Essen eigentlich nur noch riechen konnte.

Um Mehl für den Strudelteig zu bekommen, mußte meine Mutter, die schon als junges Mädchen nach dem 1. Weltkrieg als Vollwaise die Aufgabe hatte, für das Überleben ihrer vielen Geschwister zu sorgen, von ihren sonst sehr strengen moralischen Lebensprinzipien abweichen. Wie sie das Mehl bekam, war für mich als kleines Kind lange ein Geheimnis, aber schließlich hatte ich es doch herausgefunden.

Im Sommer während der Erntezeit arbeitete Mutter auf dem Dreschboden. Dort wurde unter der heißen Sonne Kasachstans das ausgedroschene Korn getrocknet und von den Frauen ständig umgeschaufelt. Zum Auffangen von ein paar Körnern hatte sich meine schlanke, fast hagere Mutter aus einem alten, an den Rändern noch kräftigen Bettlaken Büstenhalter genäht, die ihr ein paar Nummern zu groß waren. Morgens, wenn sie zur Arbeit ging, trug sie einen dieser Büstenhalter. Kam sie abends nach Hause, wunderte ich mich über ihren schönen vollen Busen und darüber, daß sie sofort in der kleinen Kammer, wo Küchengeräte und Mühlsteine aufbewahrt wurden, verschwand. Außer ihr und meinem Vater hatte keines der Familienmitglieder Zutritt zu dieser Vorratskammer. Nach ein paar Minuten kam sie dann wieder heraus, schlank und flachbrüstig wie immer.

Vater betrat diese Kammer immer an den Vorabenden der kirchlichen Feiertage, die von den Behörden damals verboten waren. Eines Tages, als ich immer neugieriger wurde und wissen wollte, was in dieser „verbotenen" Kammer vor sich ging, schlich ich mich an die Tür, um zu lauschen. Zu meiner Enttäuschung vernahm ich aber nur das Knirschen des Mühlsteins. Nach einiger Zeit kam Vater aus der Vorratskammer mit einer großen zugedeckten Schüssel und gab sie meiner Mutter. Wie mir dann klar wurde, befand sich in dieser Schüssel die zusätzliche Mehlration, die meine Mutter auf die oben beschriebene Weise für die Familie beschaffte.

Es wurde schweigend gegessen und nur das, was jedem hingestellt worden war.

Nach dem Dankesgebet, mit dem er die Mahlzeit beendete, sagte Vater: „In etwa einer halben Stunde soll der Vorsitzende der Kolchose mit dem Kommandanten zu uns kommen. Der Farmleiter hat mich schon gewarnt. Was sie von uns wollen, kann ich noch nicht genau sagen. Ich kenne nur das Gerücht, daß umherziehende Zigeuner mit Frauen und Kindern in unserem Dorf ihr Lager aufgeschlagen haben. Der früh einsetzende Frost und die Schneestürme, die in diesem Jahr so plötzlich kamen, haben sie in der Nähe unseres Dorfes überrascht. Jetzt hat man sie alle im Kontor der Kolchose untergebracht, damit die Menschen nicht erfrieren. Ich denke, wir werden eine Zigeunerfamilie den ganzen Winter hindurch aufnehmen müssen. Deshalb müssen wir noch heute unsere Küche mit einer Trennwand abteilen und einige Vorbereitungen treffen.

Hier hinter dem Ofen wird ihr Schlafzimmer sein. Diesen Platz müssen wir jetzt noch mit einer 30 cm hohen Strohschicht bedecken, damit er bis zum Abend durchgewärmt ist. Ich nehme an, daß diese Familie schon heute abend hergebracht wird und sie hier übernachten werden."

„Maria", wandte er sich an meine Mutter, „schau die gesamte Bettwäsche und die Sachen durch, gib ein paar Decken heraus, Kopfkissen und alles übrige, du weißt schon selbst... Ich kümmere mich mit den Kindern um die Trennwand."

Mutter wollte noch etwas dazu sagen, aber sofort stoppte Vater ihren beginnenden Einwand mit einer Stimme, die keinen Widerspruch duldete:

„Ich weiß, daß wir nichts Überflüssiges haben. Wir werden aus unserem Schlafzimmer zwei Betten herausnehmen und hinter dem Ofen ein Bett aus Stroh machen. Alle unsere Kinder werden den ganzen Winter über auch auf Stroh schlafen, unter zwei Decken. Wenn das zu wenig ist, müssen noch zum Zudecken die Schaffelle genommen werden. Ich nehme aber an, daß der Vorsitzende diesen Familien ein paar Lebensmittel und Kleidung zuteilen wird. Wenn nicht, so müssen unsere eigenen Vorräte herhalten. Und jetzt geht ins Schlafzimmer und bereitet dort alles vor. Wahrscheinlich wird jeden Augenblick der Vorsitzende mit dem Kommandanten kommen."

Meine geheime Fluchtstrohunterkunft, Kampf meiner Mutter gegen den Kommandanten

Ich hörte das Wort Kommandant und wurde, so als hätte mich ein starker Wind erfaßt, förmlich vom Tisch weggerissen. In meinem kindlichen Bewußtsein verkörperte dieses Wort in sich die Ausgeburt der Hölle, die von dort wegen ihrer Grausamkeiten hinausgejagt und auf die Erde geschickt wurde, um hier unter den Menschen Angst und Schrecken zu verbreiten. Die von mir beobachteten Reaktionen der übrigen Familienmitglieder auf dieses Wort bestätigten mein Gefühl.

Die Erwachsenen nahmen es mit der gleichen Angst und dem gleichen Abscheu auf; sie versuchten nur, ihr Gefühl zu verbergen.

Das Wort jagte mir eine noch größere physische Angst ein als einem gestellten und vor Angst bebenden, in Todeszuckungen liegenden Opfer einer Herde Wölfe, die wie von Sinnen vor Bosheit und Gier rasen.

Der Kommandant war den deutschen Familien, die 1941 aus der deutschen Wolga-Autonomie, aus dem Kaukasus und der Ukraine verbannt worden waren, wie ein Gefängnisaufseher zur Beaufsichtigung zugewiesen worden. Alle Deutschen, die sich in unserem Dorf befanden, waren ihm unterstellt. Er konnte zu beliebiger Tages – oder Nachtzeit in jeden der deutschen „Erdbunker" kommen, dort eine Kontrolle durchführen und die Anwesenheit seiner Bewohner überprüfen. Er besuchte die Arbeitsplätze der Deutschen, bestätigte dabei, daß jeder Gefangene sich an dem ihm zugewiesenen Platz befand. Nebenbei überprüfte er, wie jeder arbeitete.

Er war auf seine Art ein Gefängnisleiter, dem man es zur Pflicht gemacht hatte, die Feinde des russischen Volkes, das heißt uns, die Kinder, Frauen und Alte, zu überwachen.

Immer trug der Kommandant einen schwarzen knarrenden Ledermantel, mit einem Kreuzgurt über den Schultern und einem um die Taille gelegten breiten schwarzen Ledergürtel mit Revolvertasche und Pistole an der rechten Seite.

Er hatte ein langes Gesicht mit hohen Wangenknochen. Sah er jemanden an, bohrten sich förmlich seine kleinen, ständig zusammengekniffenen bösen Augen mit einem unangenehmen stechenden Blick in sein Gegenüber. Seine dünnen, feuchten Lippen saugten ununterbrochen nervös an einer Zigarette, einer Selbstgedrehten, die sich fortwährend von einem Mundwinkel seines verzerrten Mundes in den anderen hin und her bewegte, wie in einem teuflischen Tanz. Seine Arme, so lang wie die eines Orang-Utans, lagen immer auf seinem Rücken, die Hände fest verschränkt.

Er stand nie auf einem Fleck. Halbgeduckt, schleichend, wie ein Jaguar sich bewegend, ging er unruhig im Zimmer von einer Ecke in die andere, jederzeit bereit zum Tod bringenden Sprung. Beim Sprechen nuschelte er seine grob formulierten, abgehackten Wörter durch die wenigen faulen Zähne, versprühte Speichel und hüllte jeden mit übelriechendem Zigarettengeruch ein. Dabei kaute er noch verbissener mit den Zähnen seine Zigarette, und drehte sie wie einen Jonglierstab im Mund. Die sich bewegenden Wangenknochen erinnerten an eine Riesenschlange mit ausgehängtem Kiefer, die aufmerksam ihrer Beute nachspürt. Viele ganz junge Mädchen, von ihm in einem Moment wollüstiger Laune vergewaltigt, mußten seine Kinder gebären, weil sie keinen anderen Ausweg hatten. Und nicht nur Mädchen, sondern auch Frauen im vorgerückten Alter mußten seine Kinder zur Welt bringen. Schweigend und resignierend ertrugen sie seine Bestialität, demütig sich in ihr zerstörtes Leben ergebend. Beim weiblichen Geschlecht unterschied er nicht zwischen Kindern und Frauen. Sie waren für ihn Gegenstände, die in gleichem Maß seine animalischen, triebhaften Bedürfnisse befriedigten.

Die Menschen im Dorf bemühten sich, nicht mit ihm zusammenzutreffen, denn sie hatten Angst, seine Aufmerksamkeit zu erregen. Sie fürchteten ihn, wie man einen Abgott fürchtet, der unbegrenzte Macht über das menschliche Leben besitzt.

Das Wort „Gewalt" hatte in einer Zeit wie dieser überhaupt keine besondere Bedeutung. Alles wurde mit Gewalt gemacht und deshalb wurde alles ergeben und geduldig ertragen wie etwas Selbstverständliches. Anderenfalls hätten die Menschen einfach nicht überleben können.

Das gemischte Gefühl aus Angst und Abscheu diesem Mann gegenüber, das in meinem Gedächtnis verblieben ist, hatte sich als richtig erwiesen. Ein Ereignis, welches ich erst im Erwachsenenalter erklären konnte, ist mir nicht nur in der Kindheit in Erinnerung geblieben, sondern für immer ein furchtbarer Alptraum geworden.

Es war an einem der heißen Tage im Juli, an denen die Sonne im Zenit besonders stark brennt. In der Nähe des Gemüsezuchtgartens, wo im Sommer die Frauen und so auch meine Mutter arbeiteten, spielte ich mit einigen Kindern aus unseren deutschen Familien „Verstecken". Ich wartete darauf, daß die Schicht bald zu Ende sein würde und ich mit Mutter nach Hause gehen könnte. Wir verbargen uns hinter Büschen, Scheunen oder einfach den Überresten verkommener Behausungen. Beim Spielen vergaßen wir die Zeit und merkten kaum, daß wir zu den Scheunen unseres Hofes kamen, die sich in der Nähe dieser Stelle befanden.

Auf dem Hof lag ein großer Strohschober, der noch vom Winter übrig geblieben war. Im Sommer heizten wird draußen den Ofen mit Stroh, wenn meine Mutter das Mittagessen kochte. Aus der Mitte dieses Haufens hatte ich Stroh herausgenommen und mir selbst eine kleine Behausung gebaut. Hier konnte ich mich verbergen, wenn die Erwachsenen keine Zeit für mich hatten oder ich von jemandem geärgert worden war. Von innen „vermauerte" ich den Eingang mit Stroh. In diesem kleinen Reich war ich allein, niemand bemerkte mich. Hatte ich Kummer oder Sorgen, so ließ ich hier meinen Tränen freien Lauf. Ich konnte dort Stunde um Stunde sitzen und mit kleinen Brotstückchen Mäuse anlocken.

Bald hatten sie keine Angst mehr vor mir und nahmen sich die Krümel direkt aus meiner Hand weg. Besonders gern beobachtete ich, wie sie mir auf die Hände kletterten – mich dabei mit ihren kalten Füßchen kitzelnd –, fieberhaft aufgeregt die Brotreste suchten und fraßen. Manchmal legte ich mit Absicht ein paar Brotkrümel auf meine Hände, Schultern und Brust. Dann stellte mich schlafend. Mich absolut ruhig verhaltend, schaute ich ihnen zu, wie sie spitzbübisch die Krümel von diesen gefährlichen und von ihnen nicht erkundeten Stellen schnell wegnahmen. Machte ich aber nur die leiseste Bewegung, verschwanden sie spurlos Hals über Kopf in dem riesigen Strohschober.

Auch dieses Mal war ich unbemerkt in mein Versteck geschlüpft und wollte gerade den Eingang mit Stroh verschließen, als ich plötzlich den gedämpften Aufschrei meiner Mutter hörte, dann ein seltsames Geräusch, als ob jemand kämpfen würde, und ihre Worte:

„Nein, Genosse Leiter, ich bitte Sie, mein Mann muß jeden Augenblick von der Arbeit kommen und die Kinder sind auch irgendwo ganz in der Nähe."

Als Antwort kam das schallende Klatschen eines Schlags. Ich hörte meine Mutter weinen, und dann vernahm ich schweres Atmen kämpfender Körper.

Ich riß schnell den „zugemauerten" Eingang auseinander und kroch auf Händen und Knien auf den Lärm zu. Auf der anderen Seite des Schobers wälzten sich schwer atmend und kämpfend zwei Menschen: meine Mutter und der Kommandant. Seine blutunterlaufenen Augen sahen schrecklich aus, wie die eines rasenden Tieres. Er hatte sich mit seinem ganzen Körper auf meine Mutter geworfen und riß ihr den Rock herunter. Sie riß ihn wieder an sich, weinte und flehte, er solle sie in Ruhe lassen. Dafür schlug er ihr wütend ins Gesicht und schrie mit rauher Stimme:

„Sich mir zu widersetzen! Mir! Ich werde es dir zeigen, du deutsche Hündin! Du wirst dich an mich erinnern! Das ganze Leben wirst du dich erinnern, du Schlange, du faschistisches Scheusal!"

Als ich sah, daß er wieder seine schwere Faust zum Schlag erhob, schrie ich aus Leibeskräften, sprang ihn an wie eine Furie und biß in seine behaarte Hand. Er bemühte sich, mich abzuschütteln und warf mich mit ganzer Kraft auf den Heuschober. Ich jedoch sprang wie eine Katze wieder auf die Beine, stürzte mich erneut auf ihn und klammerte mich, so fest wie ich nur konnte, an seine Haare. Aus seinem geöffneten, feuchten Mund kamen röchelnde Geräusche und ein bis zum Erbrechen übler Geruch nach Knoblauch und Wodka. Aber auch das konnte mich nicht aufhalten. Meine Augen suchten zielstrebig in dem widerwärtigen Gesicht, das von der Anstrengung rot und verschwitzt war, eine Stelle, in die ich meine kleinen scharfen Zähne beißen könnte.

Plötzlich riß mich jemand heftig von ihm weg. Es war mein Vater. Sein Gesicht war weiß wie Kreide und sein ganzer Körper zitterte so stark wie im Zustand heftigster seelischer Erregung.

Meine Eltern, ihre Art mit schwierigen Situationen umzugehen

Er sagte kein Wort, drehte sich abrupt um und ging zusammen mit mir ins Haus. Dort setzte er sich auf seinen Schemel. Er stellte mich vor sich hin, umspannte mit beiden Händen meine Oberarme und preßte so fest meine Schultern zusammen, daß es schmerzte. Mit einer drohenden Stimme, kalt und gefühllos, sagte er zu mir: „Hör gut zu, was ich dir jetzt sage! Du hast nichts gesehen und nichts gehört! Es war nichts! Hast du mich richtig verstanden?"

Er schüttelte mich dabei so heftig, daß mir vollkommen klar wurde: Wenn ich ihm nicht gehorchen würde, dann würde es für mich tatsächlich schrecklich werden.

Der Ton, mit dem er das sagte, und seine, keinerlei Gefühl zeigenden und vor Wut glitzernden Augen, sagten mir deutlich, daß es für mich besser sei, alles zu vergessen – als ob nichts gewesen wäre. Er hielt mich immer noch mit seinen Händen so fest, als wären sie ein Schraubstock, schüttelte mich wieder, preßte meine Schultern noch mehr zusammen und sagte wütend:

„Ich habe dich etwas gefragt!"

Ich schrie auf, aber eher, weil ich sehr gekränkt war, als vor Schmerz, und antwortete:

„Ja, ja, ich habe Sie verstanden, Tade! Ich habe schon alles vergessen. Lassen Sie mich los, es tut mir weh!"

In unserer Familie wurden traditionsgemäß die Eltern von den Kindern mit Sie angeredet, um sie zu ehren. „Tade" bedeutete so viel wie „Vati".

Er hielt mich noch einige Sekunden fest, meine Schultern noch stärker zusammenpressend. Dann stieß er mich heftig von sich weg und sagte leise, jedes Wort einzeln betonend:

„Das ist gut. Aber merke dir: Niemals darfst du vergessen, was ich dir jetzt gesagt habe!"

Ich schlug die Augen nieder und lief – überhaupt nichts verstehend – schnell aus dem Zimmer, schlüpfte in meine Strohzuflucht und weinte mich aus. Hier konnte mich niemand sehen und hören. Oft bin ich hier über meinen kindlichen Sorgen und Schwierigkeiten, die mir ausweglos und unlösbar zu sein schienen, eingeschlafen. Aber schon beim Erwachen hatte ich das Vorgefallene vergessen, rannte wieder zu meinem Vater, um mich als kleines Geschöpf an ihn zu schmiegen, ihn mit meinem aufrichtigen, reinen Gefühl zu beschenken, das Eis in seinen toten Augen aufzutauen. So zwang ich ihn, für eine gewisse Zeit, seine Gedanken zu vergessen und forderte statt dessen seine Obhut und seinen Schutz.

Zu widersprüchlich war alles, was rings um mich vor sich ging. Deshalb konnte ich damals absolut nicht verstehen, wie die Menschen handelten und sich verhielten. Mein kindlicher Verstand konnte mir keine

Antworten auf die vielen, mich zu jener Zeit quälenden Fragen geben. Mein Gefühl sagte mir, daß es einen wertvolleren und mir näherstehenden Menschen als meinen Vater für mich überhaupt nicht gab und niemals geben kann. Umso größer war mein Unverständnis, wenn er mich manchmal hart behandelte und in meinen Gefühlen verletzte.

Nach diesem Vorfall wurde es in unserem Hause auf eine bestimmte Art und Weise quälend ruhig. Abends, nach dem Essen, setzte sich mein Vater an den Schustertisch, um in grimmigem Eifer mit dem Schusterhammer kleine Nägel in aufgesetzte Flicken zu schlagen. Wenn ich zu ihm trat, um wie früher mit ihm ein Gespräch zu beginnen, hielt er mich mit seinem kalten Blick zurück und befahl meinem älteren Bruder: „Paul, kümmere dich um deine Schwester!"

Und Mutter, früher immer fröhlich und lebhaft, war still geworden. Die Augen niedergeschlagen, bemühte sie sich, schnell in der Küche fertig zu werden, um sogleich ins Schlafzimmer zu gehen. Dort nähte, stopfte und strickte sie. Aus irgendeinem Grund traf ich sie immer an, wenn sie weinte. Öffnete ich den Mund, um sie nach der Ursache zu fragen, legte sie schnell einen Finger auf die Lippen, flehte mich mit den Augen an, nichts zu sagen, zog mich an sich und flüsterte:

„Ich bitte dich, störe jetzt Vater nicht, laß ihn eine Zeitlang in Ruhe. Wenn er dich braucht, wird er dich rufen."Manchmal, wenn sie mit ihren stillen Tränen nicht fertig wurde, kam es zu einem Ausbruch. Dann vergrub sie ihr Gesicht in den Kissen und drückte mich eng an ihren vom Schluchzen geschüttelten Körper.

Der Kolchosevorsitzende mit Zigeunerblut

Aber zurück zu den Ereignissen. Die Erwachsenen waren mit den Vorbereitungen beschäftigt und ich, ganz neugierig auf das, was da kommen sollte, suchte mir am Fenster einen passenden Platz und verhielt mich ganz ruhig. Lange mußte ich nicht warten, denn schon bald drang Schellengeläut an mein Ohr. Das konnte nur unser Kolchosevorsitzender sein. Im Winter spannte er eine Troika – drei Pferde nebeneinander – vor einen Schlitten und unter Schellengeläut, laut die Pferde anfeuernd und mit Peitschenknall antreibend, führte er auf diesem kleinem Schiff im ganzen Dorf kühne Reiterkunststücke vor. Die Troika erschien mir in der weißen Winterlandschaft wie ein Schiff, das angerauscht kam. Mit seinem Optimismus munterte er die Menschen auf, machte ihnen mit dem lustigen Geläut der Glöckchen Freude und flößte ihnen durch seine waghalsige Verwegenheit Hoffnung und Zuversicht ein.

Immer, wenn ich dieses Bild sah, bezauberte es mich durch seine kraftvolle, aber auch graziöse Schönheit. Aufrecht stehend, die Beine zum sicheren Stand auseinandergestellt, fest die Zügel in den Händen haltend, lenkte der Kolchosvorsitzende die Pferde. Mit lauten Zurufen spornte er sie an und seine lange Peitsche knallte dazu in der Luft. Hörten die Pferde den Peitschenknall, bäumten sie sich auf vor Angst, stellten sich auf die Hinterbeine, bissen auf das Zaumzeug, wieherten hell und verdrehten ihre riesigen blutunterlaufenen Augen. Dann, mit einem Ruck, stürmten sie blitzschnell los und überschütteten ihn mit einem Hagel von Schneebällen, die von ihren Hufen emporgeschleudert wurden.

Der Kolchosvorsitzende aber, mit einem riesigen Schaffellmantel und einer Ohrenklappenmütze aus Wolfsfell bekleidet, spornte die Pferde noch mehr an, indem er über ihren Köpfen mit der Peitsche knallte. Dabei lachte er laut und genoß den kalten, scharfen Wind, der ihn bei dem wilden Lauf der Pferde umtoste, von Kopf bis Fuß mit Schnee überschüttete und an den langen Ränder seines Schaffellmantels zerrte, als wolle er ihn von seinem starken, schönen Körper reißen.

Der Schnee, der auf seinem stattlichen schwarzen Schnurrbart lag, taute durch seinen heißen Atem und verwandelte sich in lange Eiszapfen. Er selbst, riesig von Wuchs, mit großen tiefschwarzen feurigen Augen, und ungestüm, wie seine Pferde, verschmolz mit diesen Naturgewalten zu einem Ganzen, erweckte dadurch die Menschen zum Leben, gab ihnen den Glauben an eine bessere Zeit. Man sagte, daß sein Vater ein Zigeuner gewesen sein soll; genau aber wußte es niemand – es war nur ein Gerücht.

Im Unterschied zum Kommandanten hatte er Verständnis für die unerläßlichen Forderungen der Menschen und teilte mit ihnen ihre

Nöte. Auch im Unglück suchten sie bei ihm Hilfe und fanden seine Unterstützung. Die Dorfbewohner achteten ihn sehr. Es war eine allgemeine Vermutung, daß er – wie auch wir alle – sich unter der Fuchtel des Kommandanten befand, aber in Worten sprach das niemand aus.

Etwas später wurde dieses Gemunkel bestätigt. Die Nachricht, daß man ihn verhaftet habe, schlug wie eine Bombe bei uns ein und verbreitete sich rasend schnell. Die Miliz hatte ihn in ein anderes Dorf oder eine Stadt gebracht und danach sah man ihn niemals wieder. Es wurde gemunkelt, daß er wie ein Volksfeind erschossen worden war. Seine Familie verschwand still und spurlos aus dem Dorf.

Nach diesem Vorfall kapselten sich die Menschen im Dorf in ihrer Not noch mehr ab. Man sprach in dieser schrecklichen Zeit hauptsächlich mit den Augen. Jeder fürchtete das eigene, laut ausgesprochene Wort und deshalb wurde mehr geschwiegen. Wenn gesprochen wurde, dann nur das Allernotwendigste, nach Möglichkeit kurz und knapp. Sogar im Familienkreis hatte nicht jeder das Recht zu sprechen. Meistens hörte man einfach zu und befolgte Anordnungen folgsam und schweigend.

Zusammenleben und Erlebnisse mit den Zigeunern

Schon konnte ich erkennen, wie die Troika des Vorsitzenden mit hohem Tempo auf unser Haus zukam. Hinten im Schlitten befand sich der Kommandant, ins Heu zurückgelehnt, halbliegend, ganz in schwarzem Leder gekleidet. Der Vorsitzende stoppte die vom Lauf dampfenden und ausgelassenen Pferde aprupt neben dem Haus, fuhr eine Runde auf dem Hof, wobei er ihren Lauf abbremste. Dann hielt er die Pferde so genau neben der Tür an, daß ich schon glaubte, sie würden vom Schwung, den sie noch hatten, geradewegs zusammen mit ihrem Schlitten in unsere Erdhütte hineingetragen.

Vater begrüßte sie auf dem Hof, band die Pferde fest und führte die Ankömmlinge ins Haus. Neugierig war ich zur Küchentür losgesprungen, aber Mutter rief mich zurück und wies schweigend auf einen Stuhl. Jetzt waren alle im Zimmer still geworden; es war, als ob niemand im Hause sei. Erst als die Troika zusammen mit dem Kommandanten geräuschvoll vom Hof weggefahren war, betraten wir die Küche.

„In einer halben Stunde wird man uns eine Zigeunerfamilie bringen", sagte Vater, „zwei Erwachsene und drei Kinder. Deshalb müssen wir uns beeilen. Paul macht sich an die Arbeit mit dem Stroh, und Waldemar wird mir helfen." – „Maria", wandte er sich an meine Mutter, „mach Feuer im Ofen und koch etwas Warmes, aber ein wenig mehr. Sie haben Hunger und wie mir der Vorsitzende sagte, ist die Ehefrau kränklich. Du wirst deshalb noch eine Sorge mehr haben."

Vater und meine Brüder begannen zu arbeiten, und nach einer Stunde war unsere Küche nicht wiederzuerkennen: Ein langer Vorhang aus einer Plane teilte die Küche wie mit einer Zwischenwand in zwei Hälften. Jetzt gehörte die rechte Seite der Zigeunerfamilie und die linke uns. Zusätzlich dazu hatte Vater noch ein „Schlafzimmer" für sie abgeteilt.

Die Arbeiten waren noch nicht beendet, da klopfte auch schon der Vorsitzende, begleitet von den Zigeunern, an die Tür. Scherzend und fluchend kam er geräuschvoll mit einem Schwall eiskalter Luft ins Zimmer, die Kinder und Erwachsenen vor sich herschiebend. Ängstlich und vor Kälte zitternd, drängten sich die Kinder an ihre Mutter: eine magere, schwarzhaarige Frau, die ständig krampfhaft hustete. Sie waren in alte, zerfetzte Wolltücher eingehüllt. Man sah nur noch ihre schwarzen lebhaften Augen, die alles sehr neugierig betrachteten. Die Erwachsenen trugen alte wattierte Jacken mit warmen Umschlagtüchern, die auf der Taille festgeschnürt waren. Trotz der frischen Kaltluft, die mit den Eintretenden ins Zimmer gekommen war, ging von ihnen ein starker unangenehmer Geruch aus.

Während die Ankömmlinge ablegten, hantierte meine Mutter geschickt neben dem Ofen und deckte den Tisch. Auf der Herdplatte stand ein voller Kessel mit heißem Wasser für ein Bad. Meine ältere Schwester stellte einen großen Waschtrog an den Ofen.

Als der Vorsitzende all diese Vorbereitungen zur Kenntnis genommen hatte, dankte er dem Vater und der Mutter für ihre Mühe. Dann wandte er sich an den Zigeuner und sagte in einem kühlen, gebieterischen und keinen Widerspruch duldenden Ton:

„Hör mir aufmerksam zu, Zigeuner! Ich habe keine Zeit, lange zu reden. Deine Familie ist hier wie Gott in Frankreich untergebracht – wie du selbst siehst. Auf mich warten jetzt noch Dutzende von Familien. Wie und wo ich sie unterbringen kann, weiß ich selbst noch nicht. Danke dem Hausherrn und der Hausfrau für Brot, Salz und dem Dach über dem Kopf. Und Gott bewahre dich, wenn mir etwas zu Ohren kommt! In diesem Haus ist das Wort des Hausherrn Gesetz. Das wird auch für euch alle widerspruchslos so sein. Morgen komme ich noch einmal vorbei und bringe Lebensmittel. Aber jetzt muß ich gehen. Hungrige und frierende Menschen warten auf mich. Die ganze Nacht durch werde ich noch arbeiten müssen. Ich denke, daß du mich verstanden hast, Zigeuner!"

Nach diesen Worten verbeugte sich erst der Zigeuner – und nach ihm auch seine Frau – tief vor dem Vorsitzenden. Er sagte leise: „Du kannst ruhig sein, Vorsitzender, die Zigeuner wissen von deiner großherzigen Gesinnung!"

Nun gab der Vorsitzende meinem Vater die Hand, verabschiedete sich, dankte noch einmal meiner Mutter und wünschte allen eine gute Nacht. Dann ging er in die Nacht hinaus, um seine schwierige Arbeit fortzusetzen.

Während die Zigeunereltern hinter der Abtrennung noch ihre schmutzigen Bündel mit den bescheidenen Sachen auseinanderwickelten, entkleidete meine Mutter die Kinder und badete sie der Reihe nach. Danach übernahm sie meine ältere Schwester und zog ihnen die vorbereitete saubere Wäsche an.

Mutter beobachtete, daß sich die Kinder ständig auf ihren Köpfen kratzten. Nachdem sie die Haare „untersucht" hatte, bat sie meinen Vater, Petroleum zu bringen. Sodann holte sie einen engzahnigen Kamm, gab ihn meiner Schwester und sagte ihr eindringlich, daß sie zuerst mit diesem Kamm die Läuse herauskämmen müsse, so viele wie möglich. Die ausgekämmten Läuse wurden sofort durch die Öffnung auf der Herdplatte in den Ofen geworfen und verbrannt. Dann wurden die Haare abgetrocknet, reichlich mit Petroleum eingerieben und ganz fest umwickelt, damit die übriggebliebenen Läuse während der Nacht durch die Petroleum-dünste vergiftet würden.

Diese Desinfektion führte Mutter dann alle zwei Wochen an jeder weiblichen Person in der Familie durch.

Die Kinder ließen geduldig und ohne einen einzigen Laut von sich zu geben diese Prozedur über sich ergehen – als wären sie kleine Puppen. Ich hatte den Eindruck, daß es ihnen völlig gleichgültig war, was mit ihnen gemacht wurde. Ihre Augen waren nur mit dem Eßtisch beschäftigt. Begehrlich, ohne sich auch nur einmal abzuwenden, schauten sie ihn unentwegt an.

Als meine Mutter während des Badens ihre kleinen Körper einmal auf die andere Seite wenden mußte und sie ihn deshalb nicht mehr sehen konnten, drehten sich ihre Köpfe ganz automatisch wieder in Richtung Tisch zurück.

Mutter bemerkte ihr Verhalten und sagte auf deutsch zu meinem Vater:

„Johannes, die Kinder sind furchtbar hungrig. Ich kann schon nicht mehr hinsehen, wie sie den Tisch anstarren. Ich meine, sie sollten zuerst etwas zu Essen bekommen und dann können sich die Erwachsenen waschen. Die Zigneuerin ist auch ganz rot im Gesicht und atmet schwer. Wahrscheinlich hat sie Fieber. Ich habe schon Pfefferminztee gekocht."

„Mach das so, wie du es für richtig hältst", antwortete Vater, „das ist jetzt deine Sache. Ich habe bis zum Morgen noch viel zu tun."

Auf die Bitte meiner Mutter hin wurde der Trog auf die Herdplatte gestellt, damit das Wasser warm blieb. Sie stellte Suppenteller auf den Tisch, öffnete das Körbchen mit dem geschnittenen Brot und rief alle zu Tisch. Wie auf Kommando stürmten die kleinen Zigeunerkinder von ihren Plätzen los und augenblicklich langten sie zu: Drei Paar Kinderhändchen griffen blitzschnell eines nach dem anderen nach dem Brot, als hätten sie gewettet, wer der schnellste dabei sei.

Im Handumdrehen hatten sie es dann auch geleert: Sie stopften die Brotscheiben in die Taschen oder verbargen sie einfach in den Falten ihrer Kleidung. Das Brot, das sie noch in den Händen hielten, steckten sie rasch in den Mund, kauten ganz schnell und schluckten es – fast daran erstickend – hastig herunter, als ob sie Angst hätten, daß es ihnen irgend jemand wegnehmen würde.

„Ihr braucht euch nicht so zu beeilen", sagte meine Mutter, „holt das versteckte Brot wieder heraus und legt es auf den Tisch. Nehmt einen Löffel und eßt ruhig eure Suppe. Niemand wird euch etwas wegnehmen."

Der Zigeunervater fuhr seine Kinder mit kehliger Stimme in ihrer Sprache an und versetzte jedem eine Kopfnuß. Er nahm ihnen das versteckte Brot ab und langte mit seiner Hand nach der Peitsche, die in der Nähe lag.

Meine Mutter stoppte ihn aber: „Bei uns werden die Kinder nicht geschlagen", sagte sie zornig, „und wofür – mit der Peitsche!? Sie sollen in aller Ruhe essen. Legen Sie dann Ihre Kinder schlafen. Es ist schon spät. Für uns wird es auch Zeit, denn morgens müssen wir früh aufstehen und sehr zeitig zur Arbeit gehen. Deshalb erkläre ich Ihnen jetzt einiges:

„Auf dem Herd im Trog ist noch heißes Wasser, bitte, baden Sie. Wenn Sie Läuse haben, reiben Sie Ihre Haare genauso mit Petroleum ein, wie wir es bei den Kindern getan haben.

Danach weichen sie Ihre Wäsche und die der Kinder in dem Wasser ein und schütten Soda dazu. Bis zum Morgen können Sie alles stehenlassen und erst dann die Wäsche durchwaschen.

Frisches Wasser befindet sich im Wasserbehälter. Für das Wasser, das Sie verbraucht haben, müssen Sie die gleiche Menge an Schnee heranbringen und auftauen, damit genügend Wasser vorhanden ist. Jetzt sind wir eine größere Familie und das bedeutet, daß wir auch mehr Wasser brauchen."

Nach diesen Worten sagte meine Mutter allen „gute Nacht" und ging mit mir ins Schlafzimmer. Sie richtete das Bett her und nachdem wir beide unser Nachtgebet gesprochen hatten, legten wir uns schlafen. Ich war durch die neuen Eindrücke natürlich sehr aufgeregt.

Mutter aber war müde und, wie mir schien, niedergedrückt von den neuen Umständen und den neuen Bewährungsproben auf Durchhaltevermögen und Standhaftigkeit, die ihr nun wieder bevorstanden.

So kam mit der Zigeunerfamilie nicht nur eine uns unbekannte Sprache in unser Haus, sondern sie brachten auch neue Sitten und Gebräuche in unser Leben.

Nicht nur ich mußte auf diese Menschen Rücksicht nehmen, sondern auch alle anderen Mitglieder unserer großen Familie. In vielem mußte man sich einschränken, mußte teilen, verzichten. Und alle Schwierigkeiten und heikle Situationen, die durch die Verschiedenartigkeit der Menschen entstanden, wurden von meinem Vater souverän beherrscht.

Wie ein Dirigent, der mit einer Handbewegung verschiedene Töne zu harmonischer Übereinstimmung bringt, so sorgte auch mein Vater mit seinem alles sagenden Blick, seiner Stimme, seinem Verhalten und vor allem mit seinem persönlichen Beispiel dafür, daß in jener schweren, verworrenen Zeit die Verschiedenartigkeit der Menschen in Charakter und Verhalten im normalen Rahmen unseres Daseins blieb.

Die Zeltzwischenwand, die nun unsere Küche in zwei Hälften teilte, zeigte ganz deutlich, daß auf der anderen Seite der Abtrennung ein anderes Leben verlief, was uns nicht betraf.

In der ersten Zeit fiel es mir schwer, mich daran zu gewöhnen. Ich konnte vor allem nicht ertragen, wenn ich den Zigeuner hörte mit seiner kehligen, lauten Stimme eines seiner Kinder ausschimpfen und wie er sofort, ohne zu zögern, schallende Ohrfeigen versetzte. Bei jedem geringen Anlaß wurde den Kindern unverzüglich „eins auf den Kopf gegeben".

Am unerträglichsten aber war für mich, wenn ich die Peitsche und dann das unterdrückte Stöhnen der Mutter dieser Kinder hörte. War ich allein zu Hause, ging ich gewöhnlich ins Schlafzimmer, um das nicht mit anhören zu müssen.

Abends, wenn mein Vater kam, beschwerte ich mich oft bei ihm darüber und bat ihn, dem Zigeuner zu sagen, daß er seine Frau und Kinder nicht schlagen solle.

Vater versuchte mir geduldig zu erklären, daß er nicht das Recht dazu habe; was ich allerdings nun auch wieder nicht verstehen konnte.

Eine Woche waren die Zigeuner in unserem Haus, als ich plötzlich bemerkte, daß die Zuckerstückchen, die ich mir jedesmal von der morgendlichen Portion für abends weglegte, ständig verschwunden waren. Nachdem ich mich bei meinem Vater darüber beklagt hatte, blieben sie ein paar Tage liegen, aber dann waren sie wieder nicht mehr da.

Daraufhin beschloß ich, selbst zu erkunden, wer daran schuld sein könnte.

Als alle Erwachsenen das Haus verlassen hatten, um ihren Tätigkeiten nachzugehen, holte ich mir ein Zuckerstückchen, das ich extra für diesen Zweck aufbewahrt hatte. Sorgfältig wickelte ich es in ein kleines Tuch und legte es auf das Fensterbrett. Dann ging ich ins Schlafzimmer und versteckte mich hinter der Tür. Ein großer Spalt in dieser Tür ermöglichte es mir, die ganze Küche zu übersehen.

Ich hatte die Tür noch nicht ganz hinter mir zugemacht, als ich schon Nonka kommen sah. Sie war die älteste Tochter der Zigeuner und genauso alt wie ich.

Vorsichtig blickte sie erst zur Schlafzimmertür hin, aber dann, als sie nichts Verdächtiges bemerkte, schoß sie wie ein Pfeil zum Fensterbrett, und mein Zuckerstückchen verschwand in ihren Händen.

Gerade als sie es in den Mund stecken wollte, sprang ich zu ihr und schrie: „Das ist mein Zuckerstück, wage ja nicht, es anzurühren!"

Ich klammerte mich fest an ihre Hand, in der sie den Zucker hielt, und versuchte, ihn herauszureißen. Dabei fielen wir beide hin. Nach anhaltendem „Kampf" gelangte es trotzdem in meine Hände, allerdings nicht spurlos. Irgendwo hatte ich mir die Wange sehr zerkratzt, und die Wunde verriet natürlich sofort, daß wir einen Zusammenstoß hatten. Außerdem war auch der jüngste Bruder Nonkas Zeuge unserer Balgerei gewesen.

Und gerade an diesem Tag mußte es nun geschehen, daß zuerst die Eltern der Zigeunerkinder wieder ins Haus zurückkamen! Kaum hatten sie abgelegt, als die Kleinen dem Vater schon in ihrer Zigeunersprache etwas ganz aufgeregt und lebhaft erzählten.

Ich hörte, wie er laut loschimpfte, wie sofort die Peitsche klatschte und seine Tochter Nonka kreischend aufschrie. Als die Peitsche wieder zuschlug, hatte ich das Gefühl, als ob die Hiebe nicht Nonka, sondern mich treffen würde und stürmte in die „Zigeunerhälfte", obwohl von unserer Familie noch niemand da war.

Ich sprang auf Nonkas Vater zu und schrie immer wieder: „Wagen Sie nicht, sie zu schlagen", und trommelte mit meinen kleinen Fäusten auf ihn ein.

Ganz verdutzt warf er die Peitsche weg, sagte etwas auf zigeunerisch, was ich nicht verstehen konnte und setzte sich auf den Schusterschemel.

Ich aber, gerade so, als wäre ich mechanisch aufgezogen gewesen, schlug ihm immer weiter blindlings ins Gesicht und auf den Kopf, bis mich seine Frau von ihm wegzog und beruhigte.

Ihre Kinder hatten sich schon vor Angst verkrochen. Der Zigeuner erhob sich schnell, ging nach draußen und kam erst spät abends zusammen mit meinem Vater ins Zimmer zurück.

Mutter hatte mich schon ins Bett geschickt und mir geraten, an diesem Abend Vater nicht unter die Augen zu treten.

Weder am nächsten Tag, noch später, erinnerte jemand an diese Episode.

Aber von diesem Tag an schlug der Zigeuner niemals wieder im Haus seine Kinder oder seine Frau. Und ich erhielt morgens vier Zuckerstückchen, drei von ihnen gab ich sofort den Zigeunerkindern ab.

Im Laufe der Zeit nahmen wir die ganze Familie vollständig an, als gehörten sie zu uns. Abends, nach dem Essen, griff der Zigeuner oft zu seiner Gitarre, und wir versammelten uns alle in der Küche. Der Vorhang, der sie sonst teilte, wurde hochgezogen und die Küche verwandelte sich in ein großes Haus.

Er spielte aber nicht nur Gitarre, sondern konnte auch Lieder singen. Dazu tanzte seine Frau, stolz aufgerichtet, ihre Zigeunertänze. Auf ihren Schultern war ein großes Tuch drapiert. Die vielen Halsketten auf ihrer stattlichen Brust klirrten lustig bei den anmutigen rhythmischen Bewegungen ihrer Schultern. Alle wurden von ihr aufgefordert mitzumachen: wir Kinder, Mutter und Vater. Als das Frühjahr kam, hatte ich so gut die Tänze der Zigeuner gelernt und bewegte so gekonnt die Schultern, dabei die Arme mit den Handflächen nach vorn zum Balancieren ausstreckend, daß man mich nicht mehr von ihrer Tochter Nonka unterscheiden konnte.

Zigeunerlager, die Zigeunerprophezeihungen

Zu meinem Bedauern packte die Zigeunerfamilie beim ersten Tauwetter ihre bescheidenen Habseligkeiten. Nachdem sie sich tief vor meinem Vater und meiner Mutter verbeugt hatten, verließen sie uns und gingen in ihr Lager, das am Dorfrand in einem Birkenwäldchen aufgeschlagen war. Lange konnte ich mich nicht daran gewöhnen, daß sie nicht mehr bei uns waren. Es war, als hätte ich etwas verloren.

Später, als das Zigeunerlager näher an das Dorf herangerückt war, rannte ich Hals über Kopf zu ihnen, als wäre ich da zu Hause. Ich spielte mit ihren Kindern, kletterte mit ihnen auf Bäume, saß bis spät abends am Lagerfeuer, hörte Zigeunerlieder und gehörte einfach dazu.

Verschmutzt und mit zerzausten Haaren machte ich mir Mut bei den wilden Zigeunertänzen, vergaß dabei den ganzen häuslichen Kummer und alle Schwierigkeiten. Zusammen mit den Zigeunern auf einem Teppich sitzend, haben wir alles das verspeist, was sie an einem Tag für ihre Wahrsagungen bekommen hatten, für ihre Betrügereien oder das, was sie einfach gestohlen hatten. Mit einer ganzen Schar Zigeunerkinder habe ich „Überfälle" auf die Gemüsegärten der Kolchose veranstaltet, wobei wir alles Eßbare mitnahmen.

Hier im Zigeunerlager lernte ich auf schnellen Pferden dahinzujagen, ganz verzaubert den klaren Sternenhimmel zu beobachten, mit dem Wind und der Sonne zu sprechen, mich an den Blumen und der Welt zu erfreuen, das Gras und die Erde zu hören.

Durch alle diese Erlebnisse und Erfahrungen wuchs in mir das berauschende Gefühl der Freiheit und Selbstbehauptung, das mir später im Leben als Erwachsene sehr geholfen hat.

Jede Zigeunerfamilie kannte mich und nahm mich als eine der ihren an. Manchmal, spät am Abend, ich schlief schon fast, setzte ein Zigeuner mich vor sich auf sein Pferd und brachte mich nach Hause zu meinen Eltern.

Immer, wenn das Lager vom Platz weggenommen wurde und sie weiter in die Steppe fortgingen, war das für mich eine sehr schwere Zeit. Ich weinte vor Ärger und Verdruß, weil ich nicht mit ihnen gehen konnte und begleitete sie bis zum Horizont. Lange stand ich dann noch still da, folgte ihnen mit den Augen und wartete schon wieder voller Ungeduld auf ihre Rückkehr.

Im Zigeunerlager herrschte eine absolut andere Atmosphäre. Die Menschen lebten offen und sorglos. Sie konnten laut scherzen, laut reden, sich laut freuen und laut lachen. Niemand fürchtete irgendjemanden, niemand sprach halblaut oder mit vorsichtiger Umsicht wie zu Hause und bei niemandem sah ich in den Augen diese verzehrende Sehnsucht, Müdigkeit und Entfremdung vom Leben wie bei meinem Vater und meiner Mutter. Hier unter diesen freiheitsliebenden

Zigeunern, die so wild wie die Natur selbst waren, fand ich seelische Ruhe und Ausgeglichenheit, die ich bei uns zu Hause so nicht kannte.

Ich erinnere mich, wie einmal im zeitigen Frühjahr, als auf den Feldern der letzte Schnee taute und die Erde sich hier und da mit dem ersten Grün bedeckte, unerwartet früh zu uns unsere Zigeunerin mit ihrer Tochter kam. Die Zigeuner waren gerade erst am Dorf angekommen, und sie eilte sofort zu uns ins Haus. Irgendwie schien sie besorgt und das erste, was sie fragte, war, ob bei uns in der Familie alles in Ordnung wäre oder ob irgend etwas passiert sei. Erstaunt gab meine Mutter zur Antwort, daß, Gott sei Dank, alle gesund und munter seien.

Daraufhin setzte sich die Zigeunerin schnell an den Tisch, breitete ihre Karten aus und sagte:

„Sieh her, meine Liebe! Die Karten prophezeien Eurer Familie drei Unglücke.

Das eine wird bei Sonnenaufgang geschehen. Es droht allen Euren Familienmitgliedern und kommt von Norden. Tod sehe ich nicht, aber einen großen Verlust.

Das zweite Unglück wird Euch die dunkle Nacht bringen, und einen von Euch wird sie auswählen. Aber auch hier sehe ich keinen Tod.

Das dritte Unglück sucht ihr selbst. Und auch hier verhindern mächtige Kräfte den Tod.

Damit das aber so ist, wie ich gesagt habe, gib mir dein Haar, wasch die Füße, Hände und das Gesicht in kaltem Wasser und gib es mir."

Meine Mutter, entmutigt und verwirrt, schnitt für sie eine Locke aus ihrem Haar ab, nahm eine Schüssel mit Wasser und wusch sich genaus so, wie sie gesagt hatte. Nachdem die Zigeunerin das Gewünschte erhalten hatte, wurden wir von ihr aufgefordert, sie allein zu lassen.

Nach ungefähr einer viertel Stunde rief sie uns zurück. Die Schüssel mit dem Wasser war leer und es roch ein wenig nach verbranntem Haar.

Sie war wortkarg und ihr Gesicht konzentriert und ernst. Sie sagte, daß sie rechtzeitig gekommen sei und daß wir ruhig abwarten könnten, was kommen werde. Das Schlimmste, nämlich der Tod, würde uns nicht anrühren.

Ob man das nun glaubt oder nicht, ist jedem selbst überlassen. Wir jedoch mußten im vorliegenden Fall nicht lange auf die Erfüllung dieser Prophezeiungen warten.

Erfüllung der ersten Prophezeihung

Genau drei Tage nach dem Besuch der Zigeunerin brach das erste Unglück über uns herein. Es geschah morgens früh bei Sonnenaufgang, genau wie sie vorausgesagt hatte.

Unser kleines Dorf war von drei Seiten, im Osten, Süden und Westen, von Birkenwäldchen umgeben, die wie kleine Inseln in der Weite der Steppe lagen. Hier befanden sich in etwas windgeschützter Lage die Hauptgebäude des Dorfes: das Kontor der Kolchose, die Schule und die Sanitätsstelle. Um diese Gebäude herum standen die Erdhäuser der Dorfbewohner.

Auf der Nordseite des Dorfes waren die Kolchosviehfarmen mit Kühen, Schafen und Pferden errichtet worden.

Direkt dahinter begann die Steppe.

Ob es daran lag, daß alle unsere Familienmitglieder auf den Farmen arbeiteten oder aus irgendeinem anderen Grunde, unsere Erdhütte lag jedenfalls unmittelbar bei ihnen, am äußersten nördlichen Dorfrand, von allen Seiten frei dem Wind ausgesetzt.

Die Wände der Erdhütte waren aus Rasenstücken zusammengebaut. Die oberste Schicht der Erde war mit Gräsern und Kräutern bewachsen. Mit einem scharfen Spaten trug man den Rasen ab und schnitt ihn in gleichgroße viereckige längliche Stücke, die aufeinander paßten. Das war der Ersatz für Ziegel. Als Verbindungsmaterial diente in Wasser angemachter zäher Lehm. Wegen der Wärme wurde die Erdhütte einen halben Meter in die Erde gebaut. Um ins Haus zu gehen, mußte man drei Stufen hinabsteigen, wie in den Keller.

Im Winter, wenn es geschneit hatte, war unsere Erdhütte praktisch vom Schnee zugeweht. Regelmäßig wurde ihre Südwand, auf der sich die Fenster und Türen befanden, vom Schnee frei gemacht, und die Zugänge zu den Scheunen, Fenstern und Türen ausgegraben.

An der Nordwand aber, auf der es weder Fenster noch Türen gab, lag der Schnee dicht an der Wand.

Im Winter war das günstig, weil der Schnee die Wärme im Haus hielt. Unter den ersten Strahlen der Frühlingssonne jedoch, taute und schmolz der Schnee, und das ganze Wasser floß in die rückwärtige Wand der Erdhütte und auch darunter, so wie es bei diesem Unglücksfall geschehen war.

Die übergroßen Mengen an Tauwasser, die nicht abfließen konnten, durchdrangen die riesigen Erd – und Lehmmassen der Rückwand, die nun keine Abstützung mehr hatte. Denn der Schnee, der sie früher gehalten hatte, wurde zu weichem Matsch und begann zu schmelzen. Und so neigte sich die gesamte Rückwand, beginnend in der südlichen Ecke, dort wo die meiste Sonne schien, und sank in sich zusammen.

Tagsüber war im Haus außer mir praktisch niemand. Alle gingen sehr früh zur Arbeit und kehrten erst spät zurück. Darüber dachte niemand besonders nach – bis zu dem Morgen, als die gesamte Rückwand mit großem Lärm und Gepolter herausfiel; zu unserem großen Glück nach außen. Entlang dieser Wand standen drei Betten, die meinen Brüdern und der älteren Schwester gehören.

Man kann sich vorstellen, was passiert wäre, wenn diese ganze Masse auf sie heruntergefallen wäre. Das Dach blieb praktisch nur an einigen darunterstehenden hölzernen Stützen hängen.

Ein Glück, daß der Schnee regelmäßig vom Dach entfernt worden war, damit es nicht unter der Schneelast zerbricht. Der Träger und auch die abgehenden seitlichen Balken knarrten und knirschten unter dem Gewicht und drohten, jede Sekunde einzustürzen.

Im Haus brach Panik aus, weil gewaltige Erdklumpen mit dem zerberstenden Dach auf die Körper der Darunterstehenden fielen. Noch schlaftrunken, konnte niemand verstehen, was vorging. Aber auch hier schätzte mein Vater blitzschnell die Situation ein.

Sofort befand ich mich in seinen Armen, und er befahl ruhig und schnell, was zu tun sei. In wenigen Minuten waren wir, eingewickelt in unsere Decken, in die Scheune zum Vieh hinübergegangen. Als alle außer Gefahr waren, sicherten Vater und die Brüder zuerst mit zusätzlichen Stützen die Wände, damit das Dach nicht herunterfallen konnte.

Wir anderen blieben für einige Zeit im Stall, den seine „Bewohner" warmhielten.

Am anderen Morgen wurde ich zu einem meiner verheirateten Brüder, der mit seiner Familie in unserer Nähe wohnte, gebracht. Alle Erwachsenen begannen mit der Reparatur des Hauses. Nach einiger Zeit konnten wir dann in unser renoviertes Haus zurückkehren und das Leben verlief wieder im gewohnten Gang wie früher.

Südkasachstanischer Frühlingssonnenuntergang

Unterdessen wurde es immer schneller Frühling. Und wenn dann die kasachische Frühlingssonne nach ihrem langem Halbschlaf eines Tages wieder ihre ganze Kraft entfaltet, durchwärmt sie sehr schnell die riesige Steppe. Fast drängend regt sie alles, was lebensfähig ist, zu neuem Leben an. Das ganze Land erwacht aus seinem langen Schlaf und es ist, als schäme es sich fast für sein Nichtstun, seine Nacktheit und Unansehnlichkeit. Und so beeilt es sich, sein wunderschönes grünes Gewand anzulegen.

In wenigen Wochen verwandelt sich das ganze weite Land und sieht aus wie ein Gemälde, dessen Schönheit man nicht beschreiben kann. Mit seinen einzigartigen Landschaftsbildern und Farben bezaubert es alles Lebendige. Das Land kokettiert selbst mit der Sonne, indem es zu seinem eigenen Untergang ihr heißes Temperament anregt und aufstachelt. Denn im Sommer beginnt das südkasachische Land mit seinem Charme und seiner Schönheit die Sonne maßlos zu versuchen.

Es scheint, als wenn die Sonne, die der Erde bis zu diesem Zeitpunkt nur gut bemessene Wärme und Licht geschenkt hatte, diese nun für ihre außerordentliche Kokettheit und Unbescheidenheit bestrafen wolle. Mit zügelloser Wollust strahlt sie mit ihrer ganzen Kraft sengendheiß auf das Land, so daß es bis zur Unkenntlichkeit verbrannte. Die weiten blühenden Täler wurden in braune, unansehnliche Steppen verwandelt.

Im Frühling erwacht nicht nur die Natur, sondern auch der Mensch. Er wird von einem seltsamen Sehnsuchtsgefühl ergriffen, und er hofft drauf, daß sich irgendetwas Ungewöhnliches verwirklicht. Bei jungen

Menschen tritt dieses Gefühl besonders stark auf. Ich erinnere mich, wie ich in dieser Jahreszeit oft mit Gleichaltrigen in die Berge hinausgezogen bin. Die Berge sind dort niedrige Hügel, die sich wie an einer Kette Hunderte von Kilometer weit am Horizont entlangziehen.

Schon bevor wir uns auf den Weg machten, bemühte ich mich darum, Verbindung mit den dort heimischen Schafhirten aufzunehmen, um von ihnen ein gutes Pferd zu erbitten. Wurde mein Wunsch erfüllt, dann verließ ich vor Sonnenuntergang die laute Gesellschaft der Freunde und sattelte meinen Hengst. Umgeben von der reinen, wunderbaren Natur ritt ich ganz allein auf meinem Pferd zum Horizont.

Ich gab mich völlig dem Wind hin und nahm in mir die Kühle des Abends und den einzigartigen, nicht wiederzugebenden Zauber des Sonnenuntergangs auf. Wenn die Sonne, langsam hinter dem Horizont versinkend, sich rüstet, für einige Zeit die Hälfte ihrer ewigen Weggefährtin Erde zu verlassen, so hüllt sie diese kurz vor ihrem Verschwinden fürsorglich und zärtlich in eine rote warme Schleppe ihres riesigen Schleiers. In diesem hat sie die ganze Tageswärme angesammelt, um so ihr großes Geschöpf zur nächtlichen Ruhe vorzubereiten und für seine Bequemlichkeit während ihrer Abwesenheit Sorge zu tragen.

Ich ritt mit dem Pferd auf den höchsten Hügel. Oben angekommen, ließ ich die Zügel sinken und schmiegte mich fest an seine Mähne. Ich flüsterte ihm vertraute Worte ins Ohr, die mich unser Zigeuner gelehrt hatte und die uns fast zu einer Einheit werden ließen. Ganz verzaubert beobachtete ich, wie die Natur und alles in ihr Lebende sich auf die Ruhe der Nacht vorbereiteten. Das Pferd, das meine innere Entrückung spürte, hob stolz seinen schönen Kopf vor dem purpurfarbenen Hintergrund des abendlichen Sonnenuntergangs und erstarrte mit mir zusammen in der Haltung eines Standbilds. Und nur, wenn sein Körper hin und wieder etwas erzitterte, wurde ich aus dem Zustand der Entrückung in die Wirklichkeit zurückgebracht.

Wie im Märchen kamen auf einmal mein Hügel und auch all die anderen, soweit meine Augen blickten, in Bewegung: Die scharlachroten Tulpen die ihn wie ein einzigartiger farbenprächtiger Teppich eben noch bedeckten, bewegten sich geheimnisvoll. Sie legten ihre Blütenblätter zusammen, wie zum Himmel emporgehobene Hände im Gebet. So verabschiedeten sie sich von ihrem Schöpfer und dankten ihm andächtig für den Tag, den er ihnen geschenkt hatte. Und dann, fast unmerklich, schlossen die Tulpen ihre Blütenkelche fest zusammen und verwandelten das Land in eine Oase unzählig kleiner Pyramiden. Innerhalb weniger Sekunden verfärbte sich der Hügel in ein sattes Grün.

Jetzt konnte man beobachten, wie seine Bewohner in aller Eile zwischen den Tulpenpyramiden hin und her liefen, um rechtzeitig ihren Bau zur Nachtruhe zu erreichen. Da und dort kroch noch majestätisch langsamen eine riesige Schildkröte. Ein Käfer, der sich verspätet hatte, verlor in der Eile seine Beute, trippelte ganz aufgeregt zu ihr zurück, strauchelte und drehte sich wie am Spieß. Dann zog er sie zu sich nach Hause und hatte für den nächsten Tag ein gutes Frühstück als Vorrat.

War die Sonne vollständig versunken, überzog sich das Land mit einem weißen warmen Rauchschleier, wie mit einem weichen Federbett. Alles was lebte, wurde ganz still und wagte nicht mehr die Ruhe seines ewigen Wohnsitzes – der Mutter Erde – zu stören.

Mein Bruder Paul – zweite Prophezeihung unserer Zigeunerin

Mit der routinemäßigen Erledigung der täglich wiederkehrenden „unaufschiebbaren" Dinge und Verpflichtungen bewegt sich der Mensch wie eine Marionette auf einem ihm streng vorbestimmten Weg. Er findet dabei keine Zeit, auf Vorahnungen seiner inneren Stimme zu hören. Um sich seinen Alltag leichter zu machen, lebt er nach dem Motto: „Es kommt ja doch alles so, wie es kommen muß." So geschah es auch dieses Mal.

In Nordkasachstan war die Erntezeit für die Menschen immer eine äußerst arbeitsintensive Zeit und forderte von ihnen enorme Ausdauer und Selbstdisziplin. Um auch nur einen geringen Gewinn von der unfruchtbaren, durch die glühendheiße Sonne ausgetrockneten Steppe zu erhalten, war es nötig, so schnell wie möglich, das wertvolle Saatgut in die noch feuchte Erde zu bringen. Brachte die erste Aussaat aus irgendwelchen Gründen keinen Erfolg, war das eine Katastrophe: Ergänzungssaatgut für eine zweite Aussaat gab es einfach nicht.

In den ersten Nachkriegsjahren wurde die ganze Arbeit von deutschen Jugendlichen, Frauen und alten Männern verrichtet, die man auf die Kolchosen deportiert hatte und dort bis 1956 unter der Aufsicht der Kommandantur standen. Anfangs gab es als Arbeitswerkzeug nur Ochsen und etwas später einen Traktor für die ganze Kolchose. Wenn man das berücksichtigt, so ist es nicht schwer, sich vorzustellen, wie die Arbeiten vor sich gingen.

Aus den Menschen wurde alles, was möglich war, herausgepreßt – und darüber hinaus auch noch alles Unmögliche.

Sobald mit dem Pflügen begonnen werden mußte, wurde die gesamte arbeitsfähige Bevölkerung des Dorfes zu dieser Arbeit einberufen. Als bestellbares Ackerland teilte man riesige Landparzellen der Steppe ab, die in ganz kurz bemessener Frist aufzupflügen waren. Während dieser Zeit befanden sich die Menschen praktisch nie zu Hause, weil sie die ganze Saison über in der Steppe lebten, in der Erdhütte der Brigade. Gearbeitet wurde Tag und Nacht, oft war es sehr kalt und es gab kein Licht.

Mein älterer Bruder Paul war damals 16 Jahre alt. Er arbeitete mit dem Traktorfahrer Adam zusammen, einem gleichaltrigen Jungen aus unseren deutschen Familien. Paul war ihm auf dem Pflug zugeteilt. Er stand hinter der Pflugschar und regulierte die Tiefe der Furche und beobachtete das Ackern.

An diesem Tag hatten sie beide vom frühen Morgen bis späten Abend ohne eine Erholungspause oder Unterbrechung gearbeitet. Besonders schwer hatte es mein Bruder. Den ganzen Tag stand er hinter dem Pflug bei dem eisigen, bis auf die Haut durchgehenden Wind, in einer dichten Wolke aus Staub und Sand, der zwischen den Zähnen knirschte und in Nase und Augen drang. Unter dem Raupenschlepper hochgeschleuderte nasse Erdklumpen, riesigen Hagelkörnern gleich, schlugen schmerzhaft gegen seinen Körper und ließen ihn dann gegen Abend wie eine Hochspannungsleitung summen.

Am Abend, als Adam und Paul eine Pause machten, um etwas zu essen, sagte man ihnen, daß sie auch noch die Nacht durch weiterpflügen müßten. Es wurde ein Stück Land abgemessen, das bis zum

Morgen aufgepflügt sein sollte. Bei einbrechender Dunkelheit entdeckten sie jedoch, daß am Traktor kein Licht brannte. Nun überlegten sie, was zu tun sei. Denn niemand war da, dem sie die Situation hätten erklären können: Sowohl der Brigadier als auch der Kommandant hatten den Befehl gegeben, ins Dorf zurückzufahren. Wurde der Befehl aber nicht ausgeführt, so kam das einem Verbrechen gleich mit all seinen ernsten Folgen. Und so entschlossen sie sich, noch einmal die möglichen Schadstellen zu überprüfen. Sollten sie nichts feststellen können, wollten sie ohne Licht, nur beim Schein des gerade herrschenden Vollmondes, weiterpflügen.

Während Adam den möglichen Grund für die Panne noch am Traktor suchte, entfernte sich mein Bruder ein Stück von ihm, um seine Notdurft zu verrichten. Als Paul vor dem Traktor durch das Feld ging, stieß er auf einen alten Strohhaufen, der den Winter überdauert hatte. Es war ihm sehr kalt, weil die nächtlichen Temperaturen noch unter dem Nullpunkt lagen. Kaum erblickte er das aufgehäufte Stroh, zog es ihn mit aller Gewalt dorthin: Stroh bedeutete Wärme und etwas Ruhe. Und so machte Paul es sich neben dem Stroh bequem, steckte es in Brand und wärmte seinen vor Kälte zitternden Körper am Feuer. Die Wärme erschöpfte ihn aber gegen seinen Willen, augenblicklich fiel er in einen Dämmerschlaf. Die schlaflosen Nächte, die Kälte, die unglaubliche Müdigkeit und das normale Schlafbedürfnis des jungen Körpers forderten ihr Recht.

Adam dachte, daß Paul sich an seinem Platz hinter dem Pflug befinde, startete den Raupenschlepper und fuhr an. Als er jedoch mit der Raupenkette des Traktors über das noch glimmende Stroh fuhr, entfachte sich dieses zu einer riesige Feuersäule aus Funken. Beim Anblick der stobenden Funken durchfuhr ihn ein furchtbarer Gedanke und er fragte sich: Wo ist Paul? Woher kommen die Funken?

Adam drehte sich um und sah Paul nicht an seinem gewohnten Platz stehen. Ein Unglück ahnend, würgte er mit zitternden Händen den Motor ab und sprang herunter. In der Dunkelheit suchte er ihn, fieberhaft und wie von Sinnen vor Angst, neben und unter dem Traktor. Dort fand er ihn auch: Paul lag zwischen dem Traktor und und der scharf geschliffenen Pflugschar ohne Bewußtsein, mit zerbrochenem Schlüsselbein und zersplittertem Bein.

Genau in dem Moment, als sich der Traktor unmittelbar vor ihm befand und die linke Raupenkette ihm über den Kopf gleiten mußte, war mein Bruder durch den knirschenden Lärm der Ketten erwacht. Seine Beine und der halbe Oberkörper befanden sich praktisch schon unter dem Traktor. Rein mechanisch hatte er den Kopf vor den anrollenden Ketten weggedreht und geriet so zwischen die zwei Raupenketten.

Blitzschnell hatte Paul erkannt, daß er in wenigen Sekunden in den Bereich der scharf geschliffenen Pflugschar geraten würde, wenn er sich nicht am Traktorunterboden festhalten könnte. Unter Anspannung aller seiner noch verbliebenen Kräfte gelang es ihm, sich dort festzuklammern und auf diese Weise den Pflugeisen zu entgehen.

Seine Rettung waren die hellen Funken, die vom glimmenden Stroh, einem leuchtenden Engel gleich, in den Himmel aufstieben und den Fahrer Adam aufmerksam machten, ihn zwangen, den Motor abzustellen und den Traktor zu stoppen.

Als mein Bruder begriffen hatte, daß die Gefahr vorbei war, wurde er durch den Schock und die Schmerzen bewußtlos. In dem Moment, als Adam versuchte, seinen Körper unter dem Traktor hervorzuziehen, kam er durch die dabei entstehenden starken Schmerzen wieder zu sich. Er schrie laut auf und bat, ihn nicht von der Stelle zu rühren, wobei er auf sein zerschmettertes, blutüberströmtes Bein zeigte, das ohne jeglichen Halt von einer Seite zur anderen fiel.

Adam legte Paul schnell noch etwas mehr Stroh unter den Rücken, deckte ihn mit seiner Jacke zu und steckte ihm ein Gewehr in die Hand. Nachdem er ihm eindringlich gesagt hatte, daß er unbedingt auf seine Rückkehr warten solle, machte er sich schnell auf den Weg in Richtung Kolchosunterkunft. Adam hoffte, dort ein Pferd zu finden, mit dem er ihn ins Dorf transportieren könnte.

Alle seine Bemühungen waren aber umsonst: Weder Pferde noch Fahrzeuge gab es in der Unterkunft. Erst bei Sonnenaufgang am Morgen, als der Brigadier in die Unterkunft kam, legte man meinen Bruder halbtot vom Blutverlust auf einen Karren und brachte ihn in die nächste Sanitätsstelle. Hier wurden mit Mühe und Not seine Wunden behandelt und ihm erste Hilfe erwiesen.

Weil die Aussaatarbeiten in vollem Gang waren und es in dieser Zeit nichts Wichtigeres geben konnte, wurde sich nicht viel um Paul gekümmert. Er lag noch drei Tage in der Sanitätsstelle, verlor viel Blut und wurde immer schwächer. Dann endlich gab der Vorsitzende den inständigen Bitten meines Vaters nach und stellte ihm einen Pferdewagen zur Verfügung, damit er seinen Sohn ins Krankenhaus im Rajonzentrum bringen konnte.

Erst am frühen Morgen des vierten Tages konnten mein Vater und meine zwei älteren Brüder sich auf den Weg machen, ausgerüstet mit Gewehren gegen mögliche Wolfsüberfälle.

In diesem Jahr wurde es, was selten geschah, bald Frühling und die Kälte kehrte nicht mehr zurück. Warme Südwinde und die heiße Sonne machten die riesigen Weiten der grenzenlosen kasachischen Steppe schnell schneefrei. Nur in den Talniederungen lagen noch Reste matschigen, schon dunkel verfärbten Schnees. Diese Stellen sahen aus, wie wenn der Erde verschieden große Flicken aufgesetzt worden wären.

Weil Vater hoffte, eine große Wegstrecke über noch gefrorene Erde zurück-legen zu können, verließ er mit meinen Brüdern schon vor Sonnenaufgang das Dorf.

In seinen späteren Erinnerungen beschrieb mein Vater dieses Ereignis immer so:

„Es war ein sehr warmer und sonniger Tag. Schon nach ungefähr eineinhalb Stunden sanken die Räder bis zur Radnabe in die nasse, glitschige, mit Schnee und Eis durchsetzte Erde ein. Mit Müh und Not zogen die Pferde den Wagen. An den Stellen, an denen sie bis zum Bauch mit dem Wagen im Matsch einsanken und bis zum Zerreißen an den Zugsträngen zogen, gingen wir Schritt für Schritt neben ihnen. Wir zogen die Räder aus dem Schlamm und halfen so den Pferden, sich aus dem zähen Morast zu befreien. So hatten wir erst spät in der Nacht die nur kurze Wegstrecke von 40–50 Kilometern geschafft."

Nach diesem langen Tag und der äußerst unruhigen Fahrt durch den aufgeweichten breiigen Matsch, kam mein Bruder dann endlich, spät in der Nacht, ins Krankenhaus. Die Wunden waren schon in Fäulnis übergegangen und damit drohte ihm noch zusätzlich der Tod durch

Blutvergiftung. Aber der war ihm offensichtlich doch noch nicht beschieden. Lange Zeit befand er sich in der Schwebe zwischen Leben und Tod, aber sein junger gesunder Körper kämpfte mit dem Tod und – besiegte ihn.

Er überlebte. Nur das rechte Bein blieb ein wenig kürzer als das linke, so daß er es nachzog. Er blieb auch klein von Wuchs; es schien so, als ob er in sich zusammengesunken sei. Sehr lange mußte er mit einer Gehstütze gehen, dann aber brauchte er sie nicht mehr. Nur sein Gangbild war verändert: Machte er einen Schritt, hatte man das Gefühl, als ob er zu einem Lauf starten wollte. Er legte Kopf und Oberkörper zurück, sprang geschickt mit dem rechten Fuß vor, riß mit einem Schwung den ganzen Körper von der Stelle, um sich dann in schnellem Tempo vorwärts zu bewegen. Wenn man ihn beobachtete, mußte man den Eindruck gewinnen, als ob er die Zuschauer ein wenig necken wollte wegen deren Langsamkeit.

Später wurde er Traktorfahrer. Und auch im Beruf änderte er sein schnelles Tempo nicht. Wo immer er auftauchte und was immer er tat, er war stets der erste. Jede beliebige Arbeit erledigte er besonnen, solide und schnell. Auf dem Feld bei der Heuernte zum Beispiel belud er einen Anhänger in ganz erstaunlichem Tempo. Mit einer geschickt aufgegabelten riesigen Heumenge, unter der er vollkommen verschwand, lief er flink wie ein Wiesel zwischen Heustapel und Anhänger hin und her. Es schien, als ob sich der Heuballen von selbst durch die Luft bewegte und von selbst auf dem Wagen landete. Mein Bruder wurde mit den verantwortungsvollsten Arbeiten beauftragt, bei denen Konzentration, Zuverlässigkeit und Schnelligkeit vonnöten waren.

So erfüllte sich auch die zweite Prophezeiung der Zigeunerin.

Am Lebenslauf meines Bruders kann man anschaulich sehen, daß Menschen vieles ertragen, durchhalten und überleben können, wenn sie einem widrigen Geschick die Stirn bieten, so unberechenbar es auch in seinen teuflischen Verschlingungen und Verstrickungen sein mag.

Später fand er ein Mädchen, das genauso war wie er: verständig, klug und fleißig. Sie stammte aus den deutschen Familien, die gleich uns nach Kasachstan verschleppt worden waren: sie aus der Ukraine und wir vom Nordkaukasus. Mein Bruder heiratete dieses Mädchen und gründete eine Familie. Allen Übeln und Schicksalsschlägen zum Trotz schenkten diese zwei Menschen unserer schönen Erde sechs hübsche, starke, an Geist und Seele gesunde Kinder. Sie erfreuen nun schon wieder ihre inzwischen hochbetagten Eltern ebenfalls mit kräftigen und wohlgeratenen Enkeln.

Verhaftung und Verurteilung meines Vaters

Als ich ungefähr ein bis eineinhalb Jahre alt war, wurde mein Vater verurteilt. Er war damals 62 Jahre alt und man warf ihm „mangelnden Arbeitseifer" vor.

Der Winter 1945 war sehr streng. Bevor es Abend wurde, trieb Vater gewöhnlich die ganze Pferdeherde der Kolchose in eine Koppel. Es war eine besondere Koppel, in die Wölfe nicht eindringen konnten. Zwei junge unerfahrene Hengste hielten aber nicht das Tempo der Herde mit. Als sie nur einige Meter von der Koppel entfernt waren, wurden sie von Wölfen, die ständig nach möglicher Beute Ausschau hilten, augenblicklich umkreist und weg von der Farm in die Steppe hineingejagt.

Bis mein Vater den zweiten Wächter benachrichtigen konnte, hatten die Wölfe die Pferde schon ziemlich weit vom Dorf weggejagt, sich in großer Zahl auf die Jungtiere gestürzt und sie in wenigen Minuten gerissen.

Um nicht noch mehr Pferde zu verlieren, verzichteten der zweite Wächter und mein Vater auf eine Verfolgung der Wölfe in der weiten Steppe.

Am nächsten Tag wurde er festgenommen. Der Kommandant und zwei Polizisten brachten ihn in einem Schlitten in das Rajonzentrum zur Gerichtsverhandlung. Er wurde zu vier Jahren Gefängnishaft verurteilt. Bevor man ihn von zu Hause abführte, erbat er 10 Minuten Zeit, um mit seinem Sohn zu sprechen. Er sagte zu ihm: „Paul, du bist jetzt der einzige, dem ich meine letzte Tochter, deine Schwester, anvertrauen kann. Alle anderen haben, wie du weißt, nicht genügend Zeit, sich um das Kind zu kümmern. Wenn es mir nicht beschieden sein wird, nach Hause zurückzukehren, mußt du in ihrem Leben meine Stelle einnehmen. Das ist meine einzige und vielleicht letzte Bitte, die ich an dich habe. Ich will, daß du auf die Bibel schwörst, meinen Willen zu erfüllen."

Es war natürlich ein furchtbarer Schlag für die Familie, daß sie sich vom Vater trennen mußte, aber für meinen Bruder war diese Zeit ganz besonders schwer.

Die Bitte, die mein Vater an ihn gestellt hatte, erfüllte er jedoch gewissenhaft. Die ganzen vier langen Jahre ließ er mich nicht eine Minute allein. Wohin er auch ging, was immer er tat, ich war seine ständige Begleiterin. Er war stets darum besorgt, daß es mir nicht an Milch, Brot oder Fladen mangelte und achtete gewissenhaft darauf, daß mir niemand etwas Unrechtes tat. Mit einem Wort: Er ersetzte mir den Vater im wahrsten Sinn des Wortes.

Als es aber vier Jahre später eines nachts bei uns an der Tür klopfte und meine Mutter unerwartet Vaters Stimme hörte, da waren alle im Haus überglücklich. Paul rüttelte mich aus dem Schlaf und mit dem strahlensten Gesicht, so wie ich ihn lange nicht gesehen hatte, sagte er ganz geheimnisvoll: „Lauf schnell in die Küche und sieh nach, wer da ist!" Ich dachte zunächst, daß unser ältester Bruder aus der Stadt gekommen wäre: Johannes, den wir alle sehr liebten und stets ungeduldig erwarteten. Nachdem mir Paul schnell eine kleine Decke umgelegt hatte, rannte ich los, um mich voller Freude in die Umarmung meines Bruders zu werfen.

In der Küche jedoch erblickte ich einen großen, blassen und ausgemergelten alten Mann, der ganz in etwas Schwarzes gekleidet war und sich auf einen Stock stützte. Sofort verbarg ich mich vor Angst und Unsicherheit hinter meinem Bruder und klammerte mich fest an ihn, damit er mich beschützten solle.

Plötzlich begann der alte Mann zu wanken und hielt sich am Türpfosten fest. Mutter und Paul eilten zu ihm, um ihn zu stützen. Dann begann er zu sprechen:

„Laßt das Kind nur, es hat mich schon vergessen. Gebt mir bitte meinen Schusterschemel und stellt ihn neben den Ofen. Ich bin fast erfroren."

Er ließ sich schwer auf seinem Stuhl nieder und durch die Tränen, die ihm über die Wangen liefen, musterte er jeden Gegenstand im Zimmer, sah in jede Ecke und streichelte alles, was er erreichen konnte. Alle schwiegen. In der beklemmenden Stille sahen sie zu ihm hin, warfen einander Blicke zu und hielten ihre Tränen zurück.

Paul, der offensichtlich die beklemmende Stille nicht mehr ertragen konnte wand sich an ihn:

„Tade, Sie brauchen nicht mehr zu weinen. Sie sind jetzt wieder zu Hause. Wir alle haben so lange auf Sie gewartet, und ich habe Ihren Wunsch erfüllt."Er zeigte auf mich und fügte hinzu:

„Bitte, hier steht Ihre Tochter, gesund und munter. Und daß sie sich nicht mehr an Sie erinnern kann, bedeutet kein Unglück. Morgen wird alles anders sein."

Mich aber sah mein Bruder tadelnd an und sagte:

„Wie kannst du deinen Vater vergessen haben, ich habe dir doch so viel von ihm erzählt. Erst gestern habe ich dir noch gesagt, daß unser Vater bald aus dem Gefängnis kommen muß. Weißt du das wirklich nicht mehr?"

In seiner Stimme hörte ich so viel ärgerliches Gekränktsein wegen meines Verhaltens, und auch meine Mutter bedachte mich mit einem derart mißbilligenden Blick, daß ich in diesem Moment begriff: Ich mache etwas nicht richtig. Um meinen Fehler, auf den mich alle, die ich liebte, mit ihren Blicken deutlich hinwiesen, irgendwie zu verbessern, trat ich an den alten Mann heran. Ich berührte ihn kurz und fragte:

„Wenn Sie wirklich mein Vater sind, warum waren Sie dann so lange in Ihrem Gefängnis und sind nicht zu uns nach Hause gekommen? Sie haben doch sicher gewußt, daß wir Sie alle sehr lieben?"

Er umfaßte mich mit seinen mageren Händen, die aussahen, als gehörten sie zu einem Skelett, drückte mich schweigend fest an sich und sagte:

„Legt sie ins Bett, sie mag schlafen gehen. Der Morgen ist weiser als der Abend. Ich bin sehr froh, wieder daheim bei euch allen zu sein. Und jetzt möchte ich etwas Heißes trinken."

Unterdessen hatte Mutter den Tisch schon feierlich gedeckt, um den sich nun die ganze Familie einträchtig versammelte. Alle waren glücklich, daß Vater wieder bei ihnen war und sie mit ihm über alles sprechen konnten.

Mich brachte Mutter wieder ins Bett und sagte noch einmal in Worten, wie unzufrieden sie mit mir sei. Als sie gegangen war, lag ich noch lange schlaflos im Bett und grübelte. Ich konnte einfach nicht begreifen, daß so ein alter, kranker Mann mein Vater sein sollte.

Allerdings brauchte er nicht lange, um vollkommen mein kindliches Herz zu erobern. Schon nach einigen Tagen wich ich ihm nicht mehr von der Seite. Wie ein Anhängsel lief ich hinter Vater her, wohin er auch ging. Dauernd wirbelte ich in seiner Nähe herum, redete ununterbrochen auf ihn ein, schwatzte wie eine kleine Elster. Und als ich erkannte, daß alle im Haus ohne Ausnahme auf ihn hörten und widerspruchslos jede seiner Anordnungen befolgten, betrachtete ich ihn mit ganz anderen Augen. Nach ein paar Wochen hatte ich schon wieder vergessen, daß er lange Zeit nicht bei uns war. Er wurde für mich der wichtigste Mensch in meinem Leben. Ich war glücklich über jede Gelegenheit, auf seine Knie zu klettern und ihm irgendetwas vorplappern zu können, wobei ich ihn von Arbeit und Sorgen ablenkte.

Dann glätteten sich für kurze Zeit seine finster zusammengezogenen Brauen und für einen kurzen Augenblick verloren seine Augen den strengen, harten und sorgenvollen Ausdruck.

Mein Bruder Albert, dessen Erinnerungen: – die grauenhafte Strecke der Vertreibung

Wie ich schon bemerkt habe, war die Entlassung meines Vaters aus dem Gefängnis und seine Heimkehr, auf die kaum jemand zu hoffen gewagt hatte, für die ganze Familie ein großes Ereignis. Auch für die Familienmitglieder, die ihre Zeit noch in den sogenannten Trudarmeen, also in Konzentrationslagern weit weg von uns ableisten mußten. Aus Wortfetzen, die ich hin und wieder zufällig gehört hatte, erfuhr ich, daß alle aus der Familie, die bis jetzt noch am Leben waren, uns besuchen wollten. Offen durfte man über solche Vorhaben nicht sprechen, da es den Deutschen von 1941 bis 1956 verboten war, die Stätten ihrer Zwangsansiedlung zu verlassen. Einer von denen, die kommen wollten, war mein Bruder Albert. Er war das vierte Kind und zu diesem Zeitpunkt noch nicht verheiratet, deshalb war er für uns der Ältere.

1940 beendete er mit ausgezeichneten Leistungen die Dorfschule in deutscher Sprache und begann, sich auf die Abschlußprüfungen vorzubereiten.

Er war ein intelligenter, belesener junger Mann, der sich in seinen Träumen immer als Dorfschullehrer sah.

Aber dann rückte das verhängnisvolle Schicksalsjahr 1941 heran.

Als Deutsche Truppen unerwartet in Rußland einmarschierten, war er noch nicht einmal 16 Jahre alt. Die weiteren Ereignisse entwickelten sich in stürmischem Tempo. Nicht nur seine Träume, sondern auch die von Tausenden Deutschen in Rußland wurden zerstört.

Wie alle Deutschen in Rußland wurde auch er am 28. August 1941 zum Feind des russischen Volkes erklärt und zur Verschleppung verurteilt.

Da die deutschen Truppen ihren Angriff in einem Eilmarsch führten und der Nordkaukasus auf ihrem Weg lag, mußten alle Personen deutscher Nationalität, das heißt die Volksfeinde, sich innerhalb von 24 Stunden ohne Gepäck am Sammelpunkt zur Abfahrt in die Zwangsansiedlungen einfinden.

51 Jahren dauerte die Verfolgung. Erst am 18.12.1992 wurde unsere völlige Unschuld von der UdSSR-Regierung in der sogenannten Rehabilitierungsbescheinigung bestätigt:

Übersetzung aus dem Russischen

Ministerium des Innern 18.12.1992
der Russischen Föderation
VERWALTUNG INNERE
ANGELEGENHEITEN
Verwaltungsregion
Krasnodar
350068, Krasnodar,
Gawrilow – Str. 96
Nr. 23/16_4460

REHABILITIERUNGSBESCHEINIGUNG

MÜLLER Albert Iwanowitsch, geb. 1923, Wohnort bis zur Aussiedlung (Deportation, Zwangsumsiedlung usw.): Scheremetjewka, Verwaltungskreis Tbilisskaja, Verwaltungsregion Krasnodar. Laut Archivdokument-Nr.: 1540 des Informationszentrums der Verwaltung für Innere Angelegenheiten der Stadt Krasnodar wurde Albert I. Müller als Angehöriger deutscher Nationalität aus politischen Gründen auf der Grundlage der Anordnung Nr. 9350 des Sowjets der Volkskommissare der UdSSR und des Zentralkomitees der Bolschewistischen Kommunistischen Partei vom 12.08.1941 im Jahre 1941 aus der Verwaltungsregion Krasnodar zwangsausgesiedelt und mit den Familienangehörigen in das Verwaltungsgebiet Pawlodar umgesiedelt.

Albert Iwanowitsch Miller wurde am 18.02. 1956 aus der Zwangsumsiedlung entlassen.
Familienangehörige:
Miller, Albert Iwanowitsch, geb. 1923
Miller, Lilija Iwanowna, geb. 1927
Miller, Iwan Samojlowitsch, geb. 1888
Miller, Maria Iwanowna, geb. 1901
Miller, Wladimir Iwanowitsch, geb. 1925
Miller, Pawel Iwanowitsch, geb. 1927
Miller, Walentina Iwanowna, geb.1943
Miller, Nelja Iwanowna, geb. 1935

Auf der Grundlage des Gesetzes der Russischen Föderativen Sowjetrepublik über die Rehabilitierung der Opfer der politischen Repressionen vom 18.10.1991, Artikel 3 C wurde die Familie Albert Iwanowitsch Miller vollständig REHABILITIERT.

Stv. Leiter der Verwaltung Innere Angelegenheiten
Verwaltungsregion Krasnodar gez. W. I. Selesnew
Dienstsiegel des Ministeriums des Innern der Russischen
Sozialistischen Föderativen Sowejetrepublik, Exekutivkomitee
des Rates der Volksdeputierten der Verwaltungsregion Krasnodar,
Verwaltung Innere Angelegenheiten

Für die Richtigkeit der Übersetzung: Unterschrift

Nur das Allernötigste durfte man mitnehmen. Derjenige, der auf der Liste stand und zum bestimmten Zeitpunkt am Abfahrtsort fehlte, den erwartete ohne Gerichtsurteil und Untersuchung die Erschießung. So begann nun in Rußland zu Kriegsbeginn das Erwachsenenleben eines jungen intelligenten Deutschen.

Dann vergingen beinahe nicht enden wollende alptraumhafte schreckliche Jahre des Freiheitsentzugs, der Zwangsarbeit und der unbeschreiblichen Demütigungen, die von ihrem Wesen her jede menschliche Seele moralisch vollständig zersetzen mußten.

Den ersten schweren Schicksalsschlag erlebte mein Bruder zusammen mit der Familie, als sie sich auf dem Weg zur Zwangsansiedlung befanden. Er führte vom Kaukasus, aus dem warmen fruchtbaren Gebiet am Kuban, der einstigen Kornkammer Rußlands, in den im Winter eiskalten Norden Kasachstans, wo bis zu 50 Grad Minus herrschen. Sie waren ungefähr ein Jahr lang unterwegs. Auf Wagen, die meistens von Ochsen, seltener von Pferden, gezogen wurden, brachte man sie von ihren Heimatorten zur ersten Eisenbahnstation. Dort wurden sie in Güterwagen „verladen" und nach Norden gebracht.

Viele Jahre später, nach der Entlassung aus der Zwangsarbeit, erinnerte sich mein Bruder Albert an dieses schreckliche Erlebnis:

„Im rasenden Strudel der Ereignisse der ersten Kriegstage konnte ich überhaupt nicht begreifen, was um uns herum geschah. Es schien mir alles nur ein absurder, unsinniger, kurzer Alptraum zu sein, aus dem ich am nächsten Morgen aufwachen würde und alles vorbei sei. An den nachfolgenden Tagen erwachte ich aber entweder unter offenem Steppenhimmel, im Wald, auf dem Boden eines schmutzigen Viehwaggons oder auf einem mit Menschen überfüllten Bahnsteig. Ich war umgeben von schmutzigen, stöhnenden, weinenden, kranken und hungrigen Menschen. Aber da war immer noch ein Funke Hoffnung, daß das nur ein vorübergehender Traum sei.

Das Furchtbare passierte, als wir während unseres Transports auf einer der kleinen, schmutzigen Eisenbahnstationen, von denen es in Rußland sehr viele gibt, „ausgeladen" wurden.

Auf dem Bahnsteig und im angrenzende Gelände standen, saßen und lagen Menschen, die darauf warteten, daß es weitergehe. Es waren im wesentlichen Deutsche aus allen Teilen Rußlands, die man hierher gebrachte hatte, um sie dann alle zusammen an die Bestimmungsorte zu transportieren. Wochenlang mußten wir auf solchen Umsteige – stationen in Schmutz und Kälte ausharren.

Zum Erstaunen aller, mußten wir dieses Mal aber nicht lange warten, denn über – raschend schnell kam ein Zug mit vielen Güterwagen. In großer Hast mußten alle einsteigen und sofort setzte er sich in Bewegung.

Wir waren noch nicht lange gefahren, befanden uns also noch ganz in der Nähe vom Ausgangspunkt, als über uns ein deutscher Bomber auftauchte. Er kreiste über unserem Zug, wendete und flog „friedlich" zurück. Erleichtert atmeten alle auf und begannen sich einzurichten.

Plötzlich hörten wir außer dem Fahrgeräusch des Zuges noch lautes Dröhnen von mehreren Flugzeugmotoren. Es wuchs mit jeder Sekunde, unter den Menschen Angst und Panik hervorrufend. Die Kinder begannen laut zu schreien, und die Erwachsenen fühlten sich ganz hilflos vor Angst. Auch sie wurden unruhig und aufgeregt.

Vater versammelte schnell unsere ganze Familie um sich, wobei er uns zuschrie, daß wir bei einer Bombardierung eng beieinander bleiben sollten.

Mit wildem Geheuel jagten über uns die schrecklichen Schatten der Todesflügel und wir hörten das hohe, pfeifende Geräusch fallender Bomben. Die Erde bäumte sich auf und fing an zu stöhnen. Die Explosionswelle kippte unseren Waggon um, so als wäre er nur ein kleines Stück Holz, und ließ ihn von den Schienen springen. Wer unverletzt war, kletterte durch das Fenster nach draußen.

Vater und Mutter, die es geschafft hatten, aus dem Waggon herauszukommen, riefen mit lauter Stimme nach uns Kindern.

Alles war in einem furchtbaren Durcheinander. Staub, Erde und Trümmerstücke, die von den Explosionen aufgewirbelt worden waren, fielen auf die Menschen, die in panischer Angst umherirrten. Überall hörte man das Stöhnen der tödlich Verwundeten, Schreie und lautes Weinen und Jammern.

Das ganze entsetzliche Durcheinander prägte sich ins Gedächtnis als eine unwirkliche, herzzerreißende Szene.

Unterdessen hatten die Flugzeuge gewendet und in einer geordneten Formation – wie bei einer Parade – einen zweiten Anflug auf ihr lebendes Ziel genommen, auf die vor Angst fast wahnsinnigen Menschen.

Vater kam als letzter hinter uns, damit niemand zurückbliebe, und schrie uns zu, daß wir zu dem Waldstreifen rennen sollten, der sich neben den Eisenbahnschienen entlangzog.

Ich wurde von einem starken Stoß auf die Erde geworfen. Jemand fiel schwer auf mich und drückte mich zu Boden. Es war mein Vater. Er lag der Länge nach ausgestreckt auf uns und bedeckte uns mit seinem Körper. Neben mir lagen meine jüngeren Brüder. Ich kroch unter ihm hervor und versuchte, mich auf die Beine zu stellen, aber die Erde drehte sich wie ein Karussel. So robbte ich mühselig zu einer in der Nähe stehenden Birke, klammerte mich an ihren verwundeten Stamm und zog mich ganz langsam an ihr hoch.

Plötzlich merkte ich, daß mein Kopf an einen weichen, nassen Gegenstand stieß. Sogleich ergoß sich etwas Warmes und Klebriges über mich, floß mir über Gesicht und Augen. Als ich meinen schwergewordenen Kopf voller Qualen hochhob, sah ich etwas, was mich vor Entsetzen erstarren ließ:

Direkt vor mir, auf einem abgerissenen Birkenzweig hing ein zerfetztes menschliches Körperteil, aus dem in pulsierenden Stößen Blut auf die Erde herabfloß.

Wie von Sinnen schrie ich auf, sprang mit aller Kraft zur Seite, verlor das Bewußtsein und stürzte zu Boden.

Vor Schmerzen kam ich wieder zu mir. Als ich die Augen öffnete, erblickte ich Mutter, die mir kräftig ins Gesicht schlug, um mich so wieder zu Bewußtsein zu bringen.

Mit einem feuchten Tuch wusch sie das Blut von meinem Körper, und ich hörte, wie sie dabei fast wie zu sich selbst sprach:

‚Gott sei Dank, Albert lebt und ist auch nicht verwundet! Hab keine Angst, das Blut auf dir, das ist fremdes Blut. Steh schnell auf, mein Sohn, ganz schnell! Wir müssen sofort weg von hier.'

Sie half mir auf die Beine. Mein Kopf war zentnerschwer und dröhnte. Ich konnte mich kaum auf den Beinen halten und schaute mich mühsam um. Die Stelle, auf der ich gelegen hatte, war voller Blut. Meine Kleidung war blutdurchtränkt und klebte widerlich am Körper.

Zwischen den Bäumen, die mit den Wurzeln ausgerissen waren, irrten Menschen hin und her, ganz von Sinnen vor Schmerz und Angst. Sie suchten unter den Verwundeten und Toten ihre Angehörigen.

Wieder hörte ich wie durch Nebel die Stimme meiner Mutter: ‚Albert, reiß dich zusammen. Wir dürfen keine Minute verlieren. Waldemar und Paul sind ganz schwach. Nimm sie an die Hand und führe sie hinter mir her. Vater hilft unseren Witwen, die es schwer getroffen hat. Kommt mir nach.'

Ich begriff genau, wie wichtig es in diesem Moment für uns alle war, so schnell wie möglich der Mutter zu folgen. Mein Körper gehorchte mir aber nicht. Meine Arme und Beine waren schwer wie Blei, und ich konnte sie nicht bewegen.

Als Mutter erkannte, wie es um mich bestellt war, verlor sie keine Zeit und handelte: Mit dem Kopftuch band sie sich ihre dreijährige Tochter fest an die Brust. Dann plazierte sie die übrigen Kinder in zwei Reihen neben sich, band ihnen die Hände aneinander, so daß sie wie Glieder einer Kette untereinander verbunden waren. Sodann stellte sie sich vor sie in die Mitte und nahm die direkt neben ihr stehenden Kinder links und rechts an die Hand. Auf diese Weise zog sie anschließend alle so wie in einem Pferdegeschirr hinter sich her und ging mit schnellen Schritten fort von diesem grauenvollen Platz.

Hin–und hertaumelnd folgte ich ihnen, denn meine Beine und Füße waren schwer wie Blei. Wir gingen und gingen.

Nach uns kamen noch andere Menschen, die furchtbar erregt waren und vor Angst und Entsetzen schier den Verstand verloren hatten.

Wohin wir gingen und wie lange wir gehen mußten, das wußte wahrscheinlich niemand. Alle wollten nur weg von diesem entsetzlichen Alptraum.

Einen Bogen um Dickicht und Bodenvertiefungen machend, suchte sich Mutter einen Weg zwischen den Bäumen. Bisweilen blieb sie stehen, schaute zurück, suchte uns mit den Augen, rief uns etwas zu und ging weiter. Und wir alle, an sie gekettet, folgten ihrem Weg zwischen den Bäumen, machten mit ihr einen Bogen um die Hindernisse, blieben stehen, wenn sie stehenblieb und gingen weiter, wenn sie weiterging.

Auf einer kleinen Waldlichtung machte Mutter Halt. Schnell band sie den Kindern die Hände los und befahl mir und den anderen, sich hier still hinzusetzen und zu warten bis sie zurückkomme.

‚Ich muß Vater suchen', sagte sie nur ganz kurz und verschwand schnell hinter den Bäumen. Gegen Abend kehrte sie mit unserem Vater zurück.

Mit ihnen kamen viele aus unserem Dorf und brachten alles Mögliche mit, was sie noch gefunden hatten.

Hier auf der Waldlichtung übernachteten wir auch und am nächsten Morgen wurden die unverletzt gebliebenen Personen auf einem Wagen zurück zur Station gebracht. Von dort ging es dann in Güterwagen wieder weiter."

Auch das, was uns mein Bruder über den weiteren Verlauf der Deportation schilderte, war für immer prägend. Er erzählte:

„Erst im Januar 1942 konnten wir in der Stadt Pawlodar die Viehwaggons wieder verlassen. Nur noch spärlich bekleidet bei 45 Grad Minus schlug uns die Kälte entgegen. Von hier aus verlief unser Weg weiter durch die schier endlose kasachische Steppe. Kinder und Frauen wurden auf Schlitten gepackt, mit Stroh zugedeckt und mit Stricken festgebunden, damit niemand weder verlorenging noch herunterfiel.

Man stellte Kolonnen zusammen und brachte sie zu weit entfernten Stellen in der von Gott verlassenen Steppe Nordkasachstans.

Die halbverhungerten Pferde konnten kaum die schweren Schlitten ziehen und immer wieder sanken sie tief im hohen Schnee ein. Unsere erschöpften Alten und die schon etwas älteren Jungen zogen die Pferde aus dem Schnee und zwangen sie, sich weiter fortzubewegen. In Gruppen kamen wir so von einem Ort zum anderen. Man strengte sich an, innerhalb eines Tages bis zur nächsten Siedlung zu kommen, egal, was es koste.

In der Hauptsache bestanden diese Siedlungen aus Tierfarmen oder verfallenen Hütten. Dort angekommen, fielen die Menschen vor Müdigkeit und Hunger auf den Boden, auf die „Betten" aus Stroh und schliefen sofort ein. Am Morgen wurde der lebende Troß hungriger und frierender Menschen weitergetrieben.

Die Toten wurden in aller Eile ohne Tränen und Gebete im Schnee vergraben, wie etwas ganz Selbstverständliches, und die Lebenden gingen demütig und still in der unübersehbaren eisigen Steppe weiter und weiter. Niemand fragte mehr wohin und warum. Man trieb sie an und sie bewegten sich vorwärts, ganz ergeben.

Fiel jemand vor Entkräftung hin, wurde er auf einen der Schlitten geworfen und unter dem Stroh zu einem Menschen gesteckt, der noch am Leben war. Fest zusammengebunden überließ man dann die völlig Entkräfteten sich selbst. Überlebte das ein Mensch, dann lebte er eben weiter. Wenn nicht, wurde er zum Fraß für Wölfe und Schakale einfach in den Schnee geworfen.

Wir waren ausgezehrt vor Hunger und unsere junge Körper brauchten Nahrung, die es nicht gab. Auch unsere Angehörigen waren erschöpft und ausgemergelt bis zum Umfallen. Deshalb hatten wir, mein Halbbruder Adolf und ich beschlossen, uns auf jede mögliche und unmögliche Art Nahrung zu verschaffen. Verlieren konnten wir sowieso absolut nichts mehr. In jedem Fall erwartete uns der Hungertod."

Adolf

„Mein Halbbruder Adolf und ich waren gleichaltrig, setzte Albert seine Erzählungen fort. Adolf war ein mutiger, zu jedem Risiko bereiter, waghalsiger junger Mann. Eine Beleidigung verzieh er niemandem, weder den Seinen noch den Fremden. War es ihm aus irgendeinem Grund nicht möglich, gleich mit dem, der ihn beleidigt hatte „abzurechnen", tat er das auf jeden Fall später. Und zwar so gründlich, daß seinem Widersacher dann für immer die Lust vergangen war, sich mit ihm auf einen Streit einzulassen.

Er verfolgte sein Opfer so lange, bis sein gekränktes Ehrgefühl vollständig wiederhergestellt war. Mir schien es, als ob er sich langweilte, wenn längere Zeit nichts passierte und er nicht mit voller Kraft sein wildes, ungezügeltes Temperament zeigen konnte.

Diejenigen, die ihn kannten, fingen auch nicht den geringsten Streit mit ihm an. Wegen seines heißblütigen, jähzornigen und nichts und niemandem verzeihenden Charakters wurde er von seinen Altersgenossen ziemlich gefürchtet.

Und alle waren erstaunt darüber, daß ich mit ihm eine gemeinsame Sprache fand und wir uns gut verstanden.

Kämpfte ich mit ihm für irgendeine Sache und zweifelte am Erfolg, dann nahm er die Angelegenheit vollständig in seine Hände und brachte das Vorhaben zu Ende.

Damals schien es mir, als fürchte er selbst den Teufel nicht. Es gab keinen Fall, aus dem er nicht als Sieger hervorgegangen wäre.

Es konnte niemand ahnen, zu welchem gewagten Scherz er in der nächsten Minute aufgelegt war. Adolf war in seinem Element, wenn er etwas riskieren konnte, dann liebte er das Leben.

Das Außergewöhnliche war nicht nur in seinem Charakter festgelegt, sondern auch in seinem Äußeren:

Er war groß, schlank, hatte blauschwarze Haare. Seine Augen waren klein, lebhaft, dunkel und etwas hervorstehend. Die Pupillen wurden von einem dichten dunkelgrünen Ring umgeben, die Iris bestand aus einem dunkelgrünen Netz, deren feine Strahlen sich zu den Wimpern hin auflösten.

Sah ich ihm in seine blitzenden Augen, so konnte ich diesem bohrenden, suchenden Blick einfach nicht standhalten und mußte wegschauen. Es war so, als ob man von einem in Lauerstellung liegenden Raubtier angesehen würde. Dieser Eindruck wurde noch durch seine scharfgeformte Nase, die wie bei einem Adler in der Mitte gekrümmt war, vervollständigt.

Möglicherweise war aber seine Art, sich immer angriffslustig – verteidigend seinen Mitmenschen gegenüber zu verhalten, in einem gewissen Maß durch seinen Vornamen „Adolf" bedingt. Seit Kriegsbeginn war dieser Name für ihn quälend und peinigend. Nachdem ihm allerdings klar geworden war, daß man diese Situation nicht ändern konnte, genau so wenig wie die Nationalität, veränderte er sich. Mußte er jetzt seinen Vornamen sagen, nahm er dabei sofort eine herausfordernde Abwehrhaltung ein.

Was ich allerdings an ihm ganz besonders schätzte, war seine manchmal fast als naiv zu bezeichnende Geradheit und Offenheit. Bei all seiner Brutalität verstellte er sich niemals oder sagte die Unwahrheit, wenn die Sache ihm nahestehende Menschen betraf. Der Mensch, der ihm etwas bedeutete, konnte immer und in allem auf ihn rechnen.

Eher nahm er Schläge auf sich, als jemanden in Gefahr zu bringen oder in ein Abenteuer hineinzuziehen.

Es gab noch ein letztes bemerkenswertes Detail, das fast jeden gegen seinen Willen zwang, Adolf aufmerksam zu betrachten, auch wenn er ihm völlig gleichgültig war:

Eine ungefähr fünf Zentimeter breite weiß-silbrige Haarsträhne, die sich von der Schläfe in seinem dichten blauschwarzen Haar fast über den ganzen Kopf hinwegzog. Sie war auch der Grund, weswegen er den Spitznamen „Der Gezeichnete" bekam, der ihm sein ganzes weiteres Leben anhing.

Dieses besondere Zeichen, das er von seinem Schicksal erhalten hatte, wurde von jedem Menschen verschieden gedeutet, je nachdem, zu welcher Auslegung dieser vom Verstand und von seinen Fähigkeiten her in der Lage war. Deshalb wurde Adolf jemand, auf den man aufmerksam wurde und über den man sprach, ohne daß er es wollte."

Meine Mutter, Erinnerungen an die Erlebnisse mit Adolf

In späteren Jahren, wenn die Familie zusammensaß, erzählte unsere Mutter sehr oft, was sie in einem wichtigen Abschnitt ihres Lebens mit Adolf erlebt hatte. Und voller Aufmerksamkeit lauschten wir dann ihren Worten:

„Als Adolf ungefähr vier Jahre alt war, es war die Zeit, in der man im Kaukaus am Kuban die Bauern zwangsenteignete, also zwischen 1930 bis 1933, wurde sein Vater ins Gefängnis gebracht und erschossen. Denn er war ein Kulak (Großbauer) oder nach der damals üblichen Bezeichnung ein Volksfeind.

Mich, fuhr meine Mutter fort, setzte man samt meiner ganzen Kinderschar ohne Kleider und barfuß einfach auf die Straße. Allen übrigen Angehörigen und den Dorfbewohnern wurde gedroht, daß jedem, der sich erdreisten würde, die Kinder und mich in sein Haus aufzunehmen oder auch nur zeitweise Unterkunft zu gewähren, das gleiche Schicksal erwarten würde.

Um nicht Unglück über die anderen zu bringen, nahm ich die Kinder und ging mit ihnen in den Wald. Wir bauten uns so etwas wie eine Hütte, halb aus Laub und Zweigen, halb im Erdreich vergraben, und überlebten dort die Ereignisse.

Damals waren in der Region Krasnodar deutsche Gemüsebau-Unternehmer sehr erfolgreich. Sie hatten am Kuban Land gepachtet und eine deutsche Kolonie gegründet. Auf der fruchtbaren Erde dieses Landstrichs wurden die verschiedensten Gemüsekulturen angebaut.

Die Kolonien waren mit einem Stacheldraht umzäunt und wurden von deutschem Sicherheitspersonal streng bewacht. Denn in jenen Jahren wütete in Rußland (UdSSR) eine große Hungersnot und sehr viele hungernde und schon halbverhungerte Menschen versuchten, sich dort ein Stück Brot zu verdienen. Die Kolonien nahmen diese Leute auf und gaben ihnen Arbeit.

Ihre Möglichkeiten waren jedoch unter Berücksichtigung der unvorstellbaren Not begrenzt. Sie waren auch gezwungen, mit großem Aufwand ihre gepachteten Ländereien und ihr Eigentum zu schützen.

Eine dieser deutschen Kolonien befand sich nicht weit von der Stelle im Wald, wo ich mit meinen vielen hungrigen Kindern hausen mußte.

Irgendwann faßte ich den Entschluß, in die Kolonie zu gehen und um Arbeit zu bitten. Meine Kinder und ich, wir hatten ja nichts mehr zu verlieren, auf uns wartete in jedem Fall der Hungertod. Und so machte ich dieses gefährliche Vorhaben wahr.

In meinem ganzen Leben war ich ständig gezwungen, irgendetwas zu riskieren, sagte meine Mutter immer an dieser Stelle ihrer Erinnerungen und setzte dann ihre Erzählung fort.

Also nahm ich eines Morgens meine sechs Kinder und ging mit ihnen in Richtung deutsche Kolonie. Man ließ uns aber noch nicht einmal bis zur Passierstelle kommen. Sofort kam einer der Wächter, der uns schon von weitem gesehen hatte, mit dem Gewehr im Anschlag auf uns zu. Mit gespannten Hahn stoppt er uns und ließ uns nicht näher herankommen. Ich sprach ihn auf deutsch an, sagte ihm, was mit uns passiert sei, wo wir alle wohnten und daß ich Arbeit suche, um meine Kinder zu ernähren.

Wir waren vom Hunger ausgezehrt. Offensichtlich war er von unserem Anblick tief berührt. Er sah auf die sich aneinander drängenden und ganz still gewordenen Kinder, dann auf seine Armbanduhr und sagte: ‚Diese Frage kann nur vom Besitzer der Kolonie selbst entschieden werden. In einer halben Stunde muß er kommen. Stellt euch alle hier neben das Tor. Ich werde versuchen, den Wirtschaftswagen am Tor anzuhalten, um ihm zu erklären, wer ihr seid. Dann verlier keine Minute', sagte er direkt an mich gewandt, geh zum Besitzer und erzähl ihm auf deutsch in deinem schönen pfälzischen Dialekt, was euch zugestoßen ist.'

Ich dankte ihm für seine Freundlichkeit und ging, so wie er gesagt hatte, zu den Kindern zurück, um zu warten.

Genau eine halbe Stunde später, mit deutscher Pünktlichkeit, tauchte in der Ferne auf dem Weg zur Kolonie der Wirtschaftswagen auf.

Gerade hatten die erhitzten Pferde eben das Tor erreicht und der Wächter noch nicht einmal erklären können, warum wir hier standen, da kniete ich schon nebem dem Treppchen, auf dem der Koloniebesitzer gewöhnlich aus dem Wagen aussteigen mußte.

Ich streckte ihm meine wie zum Gebet zusammengelegten Hände entgegen und sagte flehentlich:

Gnädiger Herr, ich bitte Sie, schicken Sie mich nicht weg, hören Sie mich um Gottes Willen an! Ich bin nicht meiner selbst wegen hergekommen, sondern wegen meiner halbverwaisten hungrigen Kinder.

Ich habe keinen anderen Ausweg. Auf Befehl der Behörden sind wir auf jeden Fall zum Tode verurteilt. Uns jagte man überall wie Aussätzige! Wo immer wir auch auftauchen: Meine Kinder und mich erwartet der Tod. Wenn nicht von den Behörden, so durch den unvermeidlichen Hunger! Wenn Sie mir keine Arbeit geben können, befehlen Sie Ihrem Wächter, uns zu erschießen, damit wir uns nicht länger quälen müssen. Wir haben überhaupt keine andere Wahl: So oder so erwartet uns nur der Tod!

Der Unternehmer zeigte Interesse an meinen Worten, warf mir einen kurzen durchdringenden Blick zu und überlegte.

Wenn er nur nicht weiterfährt, betete ich stumm, immer noch vor ihm kniend.

Der vierjährige Adolf, der bis zu diesem Moment, eng an seine ältere Schwester geschmiegt, mit den anderen Kindern abseits gestanden hatte, machte sich plötzlich energisch von ihrer Hand los.

Er rannte auf mich zu, erfaßte meinen Arm und versuchte, mich von den Knien hochzuzerren. Finster wie ein kleiner Wolf dreinblickend, fing er mit schriller Stimme vorlaut an zu schreien:

‚Mama, steh auf und wein nicht! Ich werde schnell groß und dann arbeite ich! Wir werden auch nicht sterben, du wirst sehen, daß wir nicht sterben! Uns braucht man auch nicht zu erschießen! Wir werden auch so nicht sterben!', schrie er gellend. Dabei zerrte er mit ganzer Kraft, über die er als Vierjähriger verfügte, an meinem Kleid und strengte sich an, mich von den Knien hochzuziehen.

Mich überlief es dabei eiskalt. Ich wußte nicht, was ich tun sollte, so unerwartet kam seine Reaktion. Ich war ganz einfach erstarrt. Das, so schoß es mir durch den Kopf, ist das Ende, man wird uns auch von hier wie Hunde wegjagen. Ich schloß die Augen und begann zu beten. Es trat ein angespanntes Schweigen ein.

Plötzlich spürte ich, wie der Besitzer der Kolonie vom Wagen sprang, sich zu mir herunterbeugte und mich an den Ellbogen unterfaßte und von den Knien hochzog.

‚Steh auf! Ich bin nicht Gott, daß man vor mir auf die Knie fallen muß! Dein kleiner Sohn versucht dir das auch beizubringen!', sagte er eindringlich und fragte dann:

‚Wo ist dein Mann?'

Vor lauter Schreck, hastig und verwirrt platzte ich heraus: ‚Ihn hat man vor drei Monaten erschossen, als Volksfeind.'

Und dann erklärte ich ihm, daß unser Besitz beschlagnahmt worden war und daß wir deshalb im Wald hausen müssen.

‚Sie können sich in Wannowka nach uns erkundigen', sagte ich abschließend.

Dann wollte er wissen, woher ich stamme und wer meine Eltern seien.

‚Ich bin eine geborene Huck, geboren im Gebiet Saratow', gab ich zur Antwort.

‚Bis 1919 lebten wir an der Wolga. Wir hatten viel Land und Vieh. 1914 wurde mein Vater verhaftet und erschossen. Er hatte es abgelehnt, gegen die deutsche Armee zu kämpfen. Meine Mutter verstarb etwas später, und so waren wir sechs Kinder elternlos. Unseren gesamten Besitz hat man uns weggenommen. 1919 rettete ich mich mit meinen Brüdern vor der massiven Hungersnot, die im Wolgagebiet wütete, und wir kamen an den Kuban. Hier in Wannowka habe ich bei einem reichen deutschen Unternehmer als Dienstmädchen gearbeitet und mich um meinen jüngsten Bruder, einen Krüppel, gekümmert. 1924 hatte mich der Herr, bei dem ich in Stellung war, mit seinem Freund verheiratet. Dieser war Witwer und hatte drei Kinder aus seiner ersten Ehe. Sein Familienname ist Heinrich Herrhert.

Die drei erwachsenen Töchter, die Sie sehen, sind meine angenommenen Töchter. Ich kann sie jetzt nicht im Stich lassen. Als sie klein waren, habe ich ihnen ihre Mutter ersetzt und jetzt auch noch ihren Vater. Wenn es uns bestimmt ist zu sterben, so werden wir alle zusammen sterben.'

Der Besitzer der Kolonie sah mich aufmerksam an. Dann ging er schweigend hin und her, ganz konzentriert nachdenkend.

‚Kannst du lesen und schreiben?', war seine nächste Frage.

‚Nein, gnädiger Herr', gab ich zur Antwort.

‚Ich war das älteste Mädchen in unserer Familie und mußte unserer Mutter helfen, die Kinder großzuziehen. Sie war sehr lange krank und mein jüngster Bruder ein Krüppel. Ich hatte keine Möglichkeit, etwas zu lernen.'

‚Ach, zum Teufel, auch das noch!', schimpfte er plötzlich los.

Dann rief er laut: ‚Wächter, laß sie alle durch! Bring sie zuerst in die Küche, damit sie dort zu essen bekommen. Und gib der Hausfrau den Auftrag, daß sie sich um etwas zum Anziehen für jeden kümmern soll. Und den dort', wobei er auf Adolf zeigte, ‚bringst du danach mit seiner Mutter zu mir.'

Nach diesen Worten setzte er sich schnell in den Wagen, gab den Pferden die Zügel und fuhr zum Haus.

Nervlich ganz am Ende von der durchgemachten Aufregung, drückte ich Adolf an mich und brach vor lauter Glück in Schluchzen aus. In einem Freudenausbruch, mit Tränen in den Augen stürzten sich meine Kinder auf mich. Kinderhände umklammerten mich von allen Seiten. Fest aneinandergeschmiegt standen wir dann ganz still und unbeweglich, wie aus Stein gehauen, bis einer der Wächter, sich die Tränen von den Wangen abwischend, mir zurief:

‚Ihr könnt heute diesem ‚gezeichneten' Wildfang danken.'

Er lachte, wandte sich an uns alle und zeigte dabei auf Adolf. ‚Heute ist für euch ein Glückstag. Kommt mir nach!'

Man führte uns in die Küche und gab uns zu essen. Dann konnten wir baden und bekamen etwas zum Anziehen. Adolf wurde für das Gespräch mit dem Hausherrn ‚fein' gemacht: Ihm wurden ein weißes Hemd, schwarze Hose und ein schönes schwarzes Westchen angezogen. Als er bemerkte, daß man ihm besondere Aufmerksamkeit zukommen ließ, tat er sich nach Kinderart wichtig und wurde mutig.

In einem riesigen, wertvoll eingerichtetem Wohnzimmer, in das wir dann gebracht worden waren, saßen der Hausherr mit seiner Frau.

Man bot uns an, Platz zu nehmen. Adolf hatte man ein kleines Stühlchen hingestellt. Er setzte sich hin, seinen Kopf mit der silbergrauen Strähne im blauschwarzen Haar hocherhoben, und schaute sich furchtlos um.

Der Unternehmer stellte uns seine Frau vor, wandte sich aber dann sofort an Adolf und fragte ihn:

‚Wie heißt du?'

‚Adolf Herrhert,, war seine spontane Antwort.

‚Wo ist dein Vater?'

‚Man hat ihn erschossen', parierte er schlagfertig.

‚Und warum hat man ihn erschossen, weißt du das?'

‚Weiß ich. Weil wir ein Haus hatten, darum. Wenn ich groß bin, werde ich sie auch erschießen.'

Bei diesen Worten brach mir der kalte Schweiß aus. Ich saß wie auf glühenden Kohlen und hatte Angst, daß er wieder irgend etwas nicht Vorhersehbares von sich geben könnte. Unmerklich zupfte ich ihn am Ärmel in der Hoffnung, ihn zu beschwichtigen. Er reagierte auf diese Geste aber in seiner Art:

Sofort sprang er auf und rief laut, ganz ernsthaft wie ein Erwachsener:

‚Ich habe gesagt, daß ich die auch erschießen werde. Das mache ich, ihr werdet sehen!'

Das Ehepaar sah sich vielsagend an.

Offensichtlich bemerkte der Hausherr meine Verlegenheit. Er rief eine Hausangestellte und befahl ihr, Adolf zu seinen Brüdern zu bringen und wandte sich dann mir zu.

‚Du hast ein aufgewecktes, waghalsiges Bürschchen als Sohn. Mit ihm wird es für dich noch gefährlich werden', sagte er.

Entschuldigen Sie dem Kind seine Kühnheit. Es versteht noch nicht, was es sagt, erwiderte ich beschwichtigend und bittend.

‚Du brauchst dich für nichts zu entschuldigen, du bist hart genug bestraft', antwortete er. ´Dein Schicksal hat mich berührt und ich will dir helfen. Leider sind in diesem Land meine Möglichkeiten auch begrenzt. Ich habe meinem Verwalter den Auftrag gegeben, daß er dich und deine angenommenen Töchter der Gruppe für den Gemüseanbau zuteilt. Man wird euch erklären, was ihr tun müßt. Zwei deiner Kleinen werden sich den ganzen Tag unter der Aufsicht der Kinderfrau im Wirtschaftshof unseres Hauses aufhalten. Du wirst heute noch Lebensmittel und Kleidung bekommen, die ihr in eure Unterkunft im Wald mitnehmen könnt. Ein Obdach kann ich dir leider in unserer Kolonie nicht geben. Das wäre für uns eine zu große Gefahr. Du wirst hier wie eine Saisonarbeiterin geführt werden. Wenn mit dir irgendwelche Schwierigkeiten auftreten und die Behörden von mir eine Erklärung verlangen, auf welche Art du in die Kolonie gekommen seist, dann mußt du wissen, daß ich über dein Schicksal nicht informiert sein werde. Du bist für die Kolonie eine einfache Lohnarbeiterin wie Hundert andere auch. Ich hoffe, du verstehst, welcher Gefahr ich mich aussetze', sagte er und sah mich fragend an.

Ja, gnädiger Herr, antwortete ich, ‚das weiß ich. Ich bin bereit, mit meinem Leben für Eure Menschlichkeit zu bezahlen. Ich habe diese Wendung nicht erwartet. Gott ist mein Zeuge. Ich werde bei der kleinsten Unannehmlichkeit von hier verschwinden, genauso unauffällig, wie wir aufgetaucht sind.

Ich muß mit den Kindern im Winter im Wald überleben. Und wir brauchen nur die allernötigsten Lebensmittel und Kleidung.

‚Gut', sagte der Hausherr. Und dann fügte er hinzu:

‚Meine Frau und ich, wir haben noch etwas Zeit und wenn du möchtest, erzähl uns ausführlicher von deiner Familie. Du hast einen sehr schönen pfälzischen Dialekt. Wer sind deine Eltern und woher stammen sie?'

Mutter erzählt ihre Lebens – und Familiengeschichte

‚Ich bin 1901 im Gebiet Saratow geboren', setzte ich meine Erzählung weiter fort.

‚Mein Großvater mütterlicherseits, Mäder, Karl, war ein reicher Grundbesitzer. Mein Vater, Huck, Johannes, half meinem Großvater, die Wirtschaft zu führen.

Wie ich schon gesagt hatte, waren wir in unserer Familie sechs Kinder. Eines von ihnen, mein jüngster Bruder Konrad war schon in der Kindheit durch einen Unfall als totaler Krüppel. Meine Mutter war eine kränkliche Frau, und ich mußte sehr viel von meiner Zeit für die Erziehung der jüngeren Brüder aufbringen.

Als der 1. Weltkrieg ausbrach, wurde die gesamte männliche Bevölkerung aufgerufen, gegen die Deutschen zu kämpfen. Mein Großvater brachte damals nicht die Kraft auf, einfach ein anderer zu werden. Er versammelte alle seine Verwandten und Bekannten um sich und erklärte seine Einstellung zu dieser Angelegenheit: ‚Wir sind von der Nationalität her Deutsche', sagte er damals, ‚und gegen uns selbst zu kämpfen ist eine Schändung, eine Entweihung. Ich rufe alle auf, die Einberufung in die Armee abzulehnen.'

Nur wenige riskierten, dieser Aufforderung zu folgen und retteten sich und ihre Familien dadurch vor schrecklicher Not. Mein Vater trat der Meinung des Großvaters bei und infolgedessen kam er zusammen mit ihm ins Gefängnis. Dort sind beide erschossen worden, wie wir später erfuhren.

Meine Mutter konnte diesen Schicksalsschlag einfach nicht verkraften und starb bald darauf. Unser gesamtes Eigentum wurde beschlagnahmt und in Staatseigentum überführt.

Um uns vor der Verfolgung der Behörden zu retten, packte ich als älteste in der Familie (zwei meiner Brüder waren schon verheiratet) alles, was ich mitnehmen konnte, in einen Korb und machte mich mit meinen Brüdern auf einen gefährlichen Weg, der uns in Sicherheit bringen sollte. Nur weg von den entsetzlichen Erniedrigungen und dem Hunger, der damals im ganzen Wolgagebiet wütete.

Diese Hungersnot trieb eine riesige Menschenmenge in das fruchtbare Gebiet am Kuban in der Hoffnung, dort überleben zu können. Auch ich wollte mit meinen Brüdern dorthin.

Weil wir kein Geld für eine Bahnfahrt hatten, beschlossen wir, zu Fuß durch den Wald zu gehen. Denn in ihm konnten wir uns vor neugierigen Blicken verstecken und gleichzeitig gewährte er uns Zuflucht.

Der Wald war auch unsere Wohnung. Hier wurden wir von niemanden verfolgt und konnten uns seelisch erholen. Er gab uns Wärme und Nahrung. Im Sommer aßen wir verschiedenerlei Beeren und wilde Früchte, aus denen wir uns Vorräte für den Winter anlegten. Im Winter ernährten wir uns außerdem vom Fleisch der Tiere.

Viele unserer Verwandten und Bekannten hatten sich uns angeschlossen.

Wir waren sehr lange unterwegs. Nicht Monate, sondern Jahre. Sobald unsere Gruppe zu groß wurde, teilten wir sie, um nicht die Aufmerksamkeit der Behörden auf uns zu ziehen. Jede Gruppe ging dann ihren eigenen Weg weiter.

Kamen wir an große Ortschaften vorbei, zimmerten wir uns im Wald eine kleine, aber zuverlässige Behausung, in der wir leben und uns ausruhen konnten. Tagsüber gingen wir unter die Menschen und bettelten um Almosen. Ich nahm auch Arbeiten jeder Art an, um unseren Lebensunterhalt zu verdienen und die verschlissene Kleidung zu erneuern. Abends kehrten wir alle wieder in den Wald in unsere ‚Wohnung' zurück. Hatten wir uns wieder mit etwas zum Anziehen versorgt, waren zu Kräften gekommen und genügend Lebensmittel in Vorrat, verließen wir unsere zeitweilig Zufluchtstätte und gingen weiter.

Als wir am Kuban ankamen, brauchte ich nicht lange nach Arbeit zu suchen. Im Dorf Wannowka stellte mich ein sehr reicher deutscher Unternehmer in seinem Haus als Dienstmädchen ein.

Meine Brüder fanden ebenso wie ich eine Arbeit. Das einzige Problem war unser Bruder Konrad. Wir bauten ihm am Dorfrand eine kleine Erdhütte und kümmerten uns abwechselnd um ihn. Ich war gezwungen, meiner Arbeitgeberin davon zu erzählen.

Weil ich einen guten Ruf bei den Herrschaften wegen meines tadellosen Dienstes besaß, erlaubte mir die Hausfrau, vom herrschaftlichen Tisch die Essensreste zu sammeln und sie meinem Bruder zu bringen.

Ungefähr ein Jahr später verstarb in unserem Dorf die Ehefrau von einem der sehr vermögenden Bauern, die in dieser Zeit ‚Kulaken' genannt wurden. Der Herr des Hauses, in dem ich damals arbeitete, war mit diesem befreundet und befahl mich eines Tages zu sich, um mit mir zu sprechen.

Er machte mir den Vorschlag, diesen, seinen guten Freund, zu heiraten, weil er nun nach dem Tod seiner Frau mit den Kindern allein dastand.

Es waren drei Mädchen, das jüngste von ihnen war damals zwei Jahre alt.

Er gab mir nicht einmal Zeit zum Nachdenken, setzte mich sogleich in seinen Wagen und fuhr mich ins Haus dieses Herrn zur Brautschau.

Vielleicht war es vorher abgesprochen oder es war mein Schicksal, das kann ich nicht beurteilen. Kaum war ich jedenfalls über die Schwelle zum Wohnzimmer meines zukünftigen Mannes getreten, in dem er mit seinen Kindern saß, als das Jüngste auf mich zugestürzt kam. Es war Olja. ‚Mama, Mama! Unsere Mama ist gekommen!', rief sie, drängte sich eng an mich und wollte auf den Arm genommen werden. Ich konnte gar nichts anderes tun, als sie hochzunehmen. Sofort umarmte sie mich, küßte mein Gesicht und sagte dabei: ‚Mami, du bist meine Mami!'

Vor lauter Überraschung war ich noch nicht in der Lage gewesen, ein Wort sagen zu können, als die zwei anderen, schon erwachsenen Töchter auf mich zugelaufen kamen, mich umringten, fest umarmten und sich an mich schmiegten. Man hätte annehmen können, daß ich ihnen schon lange vorher bekannt gewesen wäre.

Und Malja, das älteste der Mädchen, sagte auch zu mir: ‚Wir kennen dich schon lange. Wir haben dich immer gesehen und beobachtet, wenn du deinem Bruder zu essen gebracht hast. Wir haben dich so gern! Sag, daß du unsere Mutter sein wirst!'

Rührung schnürte mir fast die Kehle zu, und Tränen brannten mir in den Augen. Die sich an mich schmiegenden, wieder nach mütterlicher Wärme und Zärtlichkeit sehnenden Mädchenkörper, riefen in mir stürmische Gefühle und Erinnerungen hevor.

Es war wohl so, daß ich auf die Welt gekommen bin, um für andere da zu sein.

Seit meinem 12. Lebensjahr hatte ich praktisch meinen Brüdern die Mutter ersetzt. Und für meine Mutter, die damals schon sehr krank war, war ich im wahrsten Sinn des Wortes eine Krankenpflegerin gewesen. Mein Mitgefühl für fremdes Leid war in mir immer stärker als jeder Wunsch, den ich für mich selbst hatte.

In diesem Moment wußte ich, daß mein Schicksal besiegelt war.

Nur mit Mühe konnte ich die Kleine, die sich immer noch an mich drückte, auf den Boden setzen. Dann sagte ich zu den Mädchen: ‚Ich hoffe, daß ihr mich noch einmal zurückgehen laßt, damit ich meine Sachen holen kann?'

Vor lauter Überraschung schauten sie ungläubig zuerst auf mich, dann auf ihren Vater, der schweigend der Szene beigewohnt hatte.

Malja wandte sich wieder an mich und sagte:

‚Ich fahre aber mit dir und helfe dir, deine Sachen zu holen. Dann kommen wir sofort zurück. Und überhaupt werde ich dir immer und bei allem helfen.'

Der Vater der Mädchen und mein zukünftiger Ehemann, der nachdenklich die Szene verfolgt hatte, stand bei diesen Worten rasch auf, kam auf mich zu, umfaßte meine Arme, drückte sie zärtlich und sagte bewegt:

‚In unserem kleinen Dorf kennen wir jeden Menschen sehr gut, denn wir können ihn ja ganz genau beobachten. Über dich habe ich von den Dorfbewohnern mehr als einmal ein gutes Wort gehört. In unserer Zeit ist ein guter Ruf eine große Seltenheit.

Obendrein bist du auch noch hübsch und sehr klug.

Ich und meine Kinder, wir werden über alle Maßen glücklich sein, solch eine Frau und Mutter zu haben!

Verzeih mir, wenn du kannst, daß ich dich so geprüft habe. Ich bin wesentlich älter als du, aber von ganzem Herzen möchte ich für dich jetzt und auch in Zukunft alles tun, damit du in diesem Haus dein Glück findest.'

Ich befreite mich behutsam aus seinem immer noch festen Griff und fragte ihn mit erstickter Stimme, ob er mich noch einmal nach Hause zurückbringen könne. Ich wollte die v nigen Kleidungsstücke, die ich besaß – allesamt Geschenke meiner freundlichen Arbeitgeberin – noch holen.

Das weitere kennen Sie schon.'
Ich schwieg und schaute die Herrschaften an.
‚Wirklich, ein traurigeres Schicksal ist mir noch nicht begegnet', sagte der Hausherr, nachdem er sich aus seiner Erstarrung gelöst hatte.
‚Hier in der Kolonie wirst du auf jeden Fall überall Hilfe und Veständnis finden', sagte er zum Schluß des Gesprächs.
Am Abend kehrte ich mit den Kindern wieder in unsere Erdhütte im Wald zurück. Mit uns zogen wir einen kleinen Wagen, voll beladen mit Lebensmitteln und Kleidung. Zwei Wächter begleiteten uns, weil man damals für diese guten Dinge sehr leicht mit seinem Leben bezahlen konnte. Die Augen meiner Kinder glänzten vor Freude und alle waren glücklich. Was konnte für eine Mutter schöner sein?
Eine ganze Saison lang arbeiteten wir in der Kolonie und legten uns Lebensmit-telvorräte für den Winter an.
Im späten Herbst hörten die Arbeiten dort auf und die Herrschaften fuhren wieder nach Deutschland in ihre Heimat zurück.
Ich hatte mich mit den Kindern in meiner notdürftigen Erdbehausung im Wald gut eingelebt und wohlbehalten verbrachten wir dort den Winter.
Im zeitigen Frühjahr machte uns mein Vetter ausfindig. Er berichtete mir, daß mein Onkel väterlicherseits mit seiner gesamten Familie den Hungertod erlitten hatte.
Vor seinem Tod hatte er noch ein Testament gemacht und mir darin seine Erdhütte hinterlassen. In einem Brief, den er kurz bevor er starb, geschrieben hatte, appellierte er an die Behörden im Ort, daß sie Mitleid mit meinen Kindern haben und mich in seiner Erdhütte zurücklassen sollten.
Im Bezirk waren zu diesem Zeitpunkt schon wieder andere Personen an der Macht und es wurde mir und meinen Kindern erlaubt, wieder im Dorf zu wohnen.
Adolf hatte sich in der Kolonie sehr gut eingewöhnt. Aufgeweckt, laut und flink, wie er war, hatte er spielend einen der Wächter auf sich aufmerksam gemacht. Es war jener, der mir ganz zu Anfang geholfen hatte. Er war ein schon älterer Mann, der seine ganze freie Zeit mit ihm verbrachte. Oft hatte er mich darum gebeten, Adolf bei ihm die Nacht über zu lassen. So sehr hatte er ihn liebgewonnen und gleichzeitig war

er von den Charaktereigenschaften, die sich bei Adolf schon damals zeigten, sehr beeindruckt: Adolf war lebhaft, streitsüchtig, kühn und beharrlich in seinen Überzeugungen und Taten. Vor der Abreise in die Heimat machte der Wächter mir ernsthaft den Vorschlag, ihm Adolf zur Adoption zu geben. Eigene Kinder hatte er nicht.

‚Ich werde ihm eine Ausbildung geben und aus ihm einen großen Mann machen‘, sagte er immer.

Was hätte besser für ein Kind sein können? Aber welche Mutter geht darauf wohl ein. Ich jedenfalls habe ihm damals entschieden eine Absage erteilt."

Über seine Eindrücke und Erlebnisse in den Jahren von 1941 – 1943 berichtete mein Bruder Albert weiter:

„Wie ich bereits berichtet habe, kam unsere Familie Januar 1942 in Pawlodar, dem Verbannungsort, an. Von hier aus verlief unser Weg durch die endlose kasachische Steppe weiter. Unsere Angehörigen und wir waren vor Hunger ausgezehrt. Deshalb haben wir, ich und mein Halbbruder Adolf beschlossen, uns auf jede mögliche und unmögliche Art Nahrung zu beschaffen. Wir unterrichteten unseren Vater von unserem Vorhaben und gingen voraus. Getrieben vom Hunger überholten wir um ein weites Stück den sich langsam bewegenden Menschentross. Sobald sich die ersten Erdhütten der Siedlungen zeigten, traten wir an die Häuser heran, klopften an Türen und Fenster und bettelten, denn unter uns starben schon die Alten und Kinder vor Hunger. Das wenige, was man uns gab, sammelten wir und kehrten zum Tross zurück. Hier teilten wir die Lebensmittel unter uns auf und gingen wieder los. Es kam auch vor, daß wir allen Ernstes mit dem Gewehr bedroht wurden. Dann gaben wir uns den Anschein, als ob wir weggehen würden. Bis zum Einbruch der Nacht liefen wir in der Nähe des Dorfes herum, um nicht zu erfrieren. Nachts aber gingen wir wieder dorthin zurück.

In der festen Überzeugung, daß wir unverdiente Erniedrigungen und Schlechtigkeiten erlitten und erleiden mußten, versammelten wir uns in den Scheunen jener Höfe, von denen man uns tagsüber weggejagt hatte und machten sie buchstäblich „sauber", daß heißt wir nahmen alles mit, was wir mitnehmen konnten.

Unsere Trophäen waren hauptsächlich Hühner und Eier, die von den Besitzern abends nicht eingesammelt worden waren. Wie schon gesagt, wir nahmen alles, was irgendwie für uns nützlich war und kehrten dann wieder zu den anderen zurück.

Auf diese Art und Weise erforschten wir auch die Örtlichkeiten. Stießen wir auf eine Viehfarm, beobachteten wir die Tiere bis zum Einbruch der Nacht. Verließen die Arbeiter am späten Abend die Farm, schlüpften wir still und unbemerkt hinein und melkten die Kühe. Mit vollen Kannen kehrten wir zum Tross zurück und versorgten so mit der wertvollen Milch die Menschen, die durch die fehlende Nahrung vollkommen ausgemergelt waren.

Als wir an dem für uns bestimmten Platz angekommen waren, wurden meine älteren Brüder und ich sofort zum Sammelpunkt (ungefähr 60 km von uns entfernt) gebracht. Von dort wurden wir zur ‚Trudarmee', in die Konzentrationslager Stalins, geschickt.

Hier trennte sich mein Weg mit Adolf. Er landete in Tscheljabinsk, da musste er in den Gasgruben arbeiten, und mich deportierte man in das Zwangslager in Workuta.

„Währenddessen war der Krieg an den Fronten voll entfacht", erzählte mein Bruder Albert weiter. „Schon kamen die ersten „schwarzen Raben", so wurden die dreieckigen Briefe mit den Todesnachrichten genannt, auch hierher in die entlegendsten Winkel der kasachischen Steppe. Wie überall im ganzen Land, so waren auch hier die Menschen erfüllt von Haß und Abscheu gegenüber allem, was mit deutscher Nationalität oder den Deutschen als Personen verbunden war. Und hierher, gleichsam zum Zerfleischen und zur Befriedigung ihrer Wut, brachte man uns – die Deutschen. Es ist schwer, das Verhalten der Einheimischen uns gegenüber zu beschreiben. Das mußte man miterlebt haben.

Die Menschen, mit denen wir gezwungen waren zu leben, sahen

uns stumm an, mit Augen, in denen kaum zurückgehaltene Erbitterung und Rachegefühle loderten. Sie wandten sich von uns ab, als wären wir Aussätzige. Gingen wir an ihnen vorbei, spuckten sie hinter uns her. Sie sprachen mit uns von oben herab und mit unverhohlenem Ekel und Widerwillen.

Erfuhren in den Dörfern die Einheimischen, daß man Deutsche gebracht hatte, dann lud die russische und kasachische Bevölkerung ihren ganzen Haß auf uns ab, ihre Erbitterung über den entfesselten Krieg, über das Sterben ihrer Angehörigen an den Fronten, ihre Wut über all das Leid, was dieser Krieg den Menschen brachte.

Niemanden interessierte, was für Deutsche wir waren. Allein die Bezeichnung ‚ein Deutscher' rief unter den Menschen Wut und Haß hervor.

Die Tatsache, daß wir, genauso wie jeder Russe oder Kasache Opfer des Faschismus waren, interessierte niemanden. Allein das Wort ‚Deutscher' war völlig ausreichend, um Unglück und Haß auf sich zu ziehen. Jeder wälzte seinen Kummer auf uns ab, so wie er wollte, oder besser gesagt, so wie er konnte.

Die Kenntnis dieser Gefühle und Stimmungen der Einheimischen uns gegenüber machte auch verständlich, was dann am Sammelpunkt, an dem man uns zum Weitertransport zusammengetrieben hatte, Grauenhaftes passierte:

Zum Übernachten waren wir in einem ehemaligen Viehstall untergebracht worden. Nach Mitternacht, als alle besonders fest schliefen, hatte jemand von der einheimischen Bevölkerung um den Stall herum Stroh aufgestapelt, mit Petroleum übergossen und angezündet.

Das Strohdach explodierte förmlich wie ein Pulverfaß. Glühendes Stroh, das mit Lehm und Holz vermischt war, fiel mit großem Krachen auf die Strohlager, auf denen wir schliefen.

Im Nu fing alles Feuer. Die Menschen erlitten furchtbare Verbrennungen und manche starben sofort. Dicker Rauch erfüllte den ganzen Raum. Voller Panik liefen diejenigen, denen es noch möglich war, vom Schlaf und Schock ganz benommen, halbbekleidet auf die Straße. Sie konnten überhaupt nicht begreifen, was da vor sich ging und was das alles bedeutete. Unter ihnen war auch ich.

Bei diesem Vorfall, wie auch während der gesamten Deportation hatte sich für die Rußlanddeutschen wieder ihre Unkenntnis der russischen Sprache als eines der allergrößten Probleme erwiesen.

Denn zuvor lebten wir doch in unseren eigenen deutschen autonomen Gebieten, hatten unsere deutschen Schulen und Universitäten, in denen wir in deutscher Sprache lernten und studierten. Russisch konnten nur wenige. Und weil die Menschen die russische Sprache nicht beherrschten, waren sie nicht in der Lage, schnell genug richtig zu reagieren und zu handeln.

So war es auch dieses Mal. Völlig verstört, gerade mit dem Leben davongekommen, schlossen wir uns zu kleinen Gruppen zusammen. Und noch in dieser Nacht entschieden wir, zu Fuß zu unseren Familien zurückzukehren.

In dieser Kriegszeit galt das als Desertion oder Flucht. Für uns bedeutete das aber nichts anderes als Rettung. In diesem Moment konnten wir nicht an die möglichen Folgen denken.

Halbnackt und ohne Schuhe machten wir uns zu den Orten auf, an denen unsere Eltern untergebracht worden waren. Dabei riskierten wir, Opfer der Wölfe zu werden oder in der Steppe zu erfrieren. Wir gingen nachts und tagsüber verbargen wir uns im Dickicht oder in verlassenen, zerfallenen Behausungen.

Als ich endlich daheim angekommen war, schlich ich mich tief in der Nacht unbemerkt zur Erdhütte, in der unsere Eltern „angesiedelt" worden waren, und klopfte leise an das kleine Fenster.

Vater öffnete die Tür und erstarrte vor Schreck. Durch Hunger und Kälte geschwächt, konnte ich mich kaum auf den Beinen halten. Und so fiel ich ihm im wahrsten Sinn des Wortes in seine Arme und verlor das Bewußtsein. Die Fetzen meiner durchnäßten Kleidung waren auf meinem vor Kälte steifen Körper festgefroren.

Wie man mich in das Haus gebracht hatte, daran kann ich mich schon nicht mehr erinnern. Nach den Erzählungen meiner Mutter glühte mein ganzer Körper und fast eine Woche sprach ich im Fieber. Durch die hohen Körpertemperaturen kam es zu Krämpfen. Lange befand ich mich an der Grenze zwischen Leben und Tod.

Das geschah im zeitigen Frühjahr 1943. Ich konnte mir damals natürlich nicht vorstellen, in welch schreckliche Gefahr ich nicht nur mich selbst, sondern unsere ganze Familie gebracht habe.

In voller Panik stellten mir meine Eltern ein Bett neben der Wiege der kleinen, die hinter einem Vorhang am Ofen stand. Dort, abgeschottet vor ungebetenen Blicken überstand ich eine doppelseitige Lungenentzündung. Zehn Tage lang betrug meine Temperatur bis 40 Grad, ich war ohne Bewußtsein und kämpfte mit dem Tod."

Unterdessen suchte man schon nach den Entflohenen im ganzen Gebiet. Und nur die Weisheit unseres Vaters rettete auch dieses Mal nicht nur das Leben des Bruders, sondern auch das Leben der übrigen Familienmitglieder. Denn nachdem Vater meinen Bruder am warmen Ofen untergebracht hatte, wartete er nicht bis zum Morgen, sondern ging sofort in das Haus des Vorsitzenden und erzählte ihm, was vorgefallen war. Dadurch begab er sich freiwillig in die Hände des Kommandanten, indem er ihm sagte, daß er seinen kranken Sohn im Haus aufgenommen hatte.

Unter der Beobachtung des Kommandanten verblieb mein Bruder Albert bis zu seiner Genesung zu Hause. Nachdem er sich von der Krankheit erholt hatte, wurde er sofort zur Abtransportstelle in die Arbeitslager geschickt.

Man brachte sie etappenweise in die Gefangenschaft nach Norden, nach Workuta, in das Reich des ewigen Eises und der Moskitos. Bis 1956 mußte er zusammen mit deutschen Kriegsgefangenen dort seine Zeit in den Kohlebergwerken „abarbeiten".

Alberts erste und einzigen Liebe, das Wiedersehen

Noch während der Gefangenschaft nahm Albert die Suche nach seiner ersten und einzigen Liebe seines Lebens auf.

Er erinnerte sich an sie als ein Mädchen, so unberechenbar und unstet wie eine Libelle, mit der er in der Kindheit barfuß jede Regenpfütze im Dorf erforschte, die er bei jeder Kleinigkeit neckte, nicht gerade sanft an ihren üppigen roten Zöpfen zog, um so ihre Aufmerksamkeit und ihr Interesse auf sich zu ziehen.

Jahre später hatte sich dieses kapriziöse, wilde kleine Mädchen in eine bezaubernde junge Frau, so rank und schlank wie ein Weidenzweig, verwandelt. Auch ihr schöner Name paßte zu ihr: „Lili".

Albert, der schon als Junge sein Herz für immer an sie verloren hatte, erkämpfte in seiner frühen Jugend ihre Anerkennung und Liebe durch seinen Enthusiasmus, aber auch mit allen möglichen und unmöglichen Tricks.

Als ausgezeichneter Schwimmer lockte er sie einmal auf das hohe Ufer des wilden, breiten Kubans und überredete sie zu einem gefährlichen Wettkampf unter dem Motto: „Wer durchschwimmt am schnellsten dieses brausende und stürmische Element?"

Und Lili, vielleicht aus Stolz und gekränktem Ehrgeiz, vielleicht auch, weil sie neben sich seine Stärke und Gewandtheit spürte, möglicherweise aber auch nur, um mit ihm zu spielen und zu kokettieren, gab seinem heftigen Drängen nach.

Sie kletterten auf die höchste Stelle der Uferböschung, breiteten die Arme weit aus und stießen sich kopfüber ab in den blauen Spiegel des Flusses, der sie in seinen kühlen Fluten auffing und ihre schon unbändige Leidenschaft zueinander dämpfte.

Als sie in der Mitte des Stromes schwammen, Lili kraftlos und müde von der Gewalt der Wellen geworden war und hinter Albert zurückblieb, faßte er sie unter und zog sie bis zum Ufer. Er spürte dabei die Zartheit und den Reiz ihres Körpers. Obwohl sie sich über ihre Ungeschicklichkeit und Schwäche ärgerte, erlaubte sie ihm doch auf diese Weise, ihre mädchenhaften Phantasien und ihre Treue zu erobern.

Erst nach langwierigen Anfragen erfuhr er 1948 wo sie lebte: in Sibirien, in der großen Stadt Nowosibirsk. Ohne zu zögern bat er um die Erlaubnis, heiraten zu dürfen. Gemäß dem damals gültigen Gesetz mußte dieser Bitte stattgegeben werden. Nachdem alle Formalitäten erledigt waren, machte er sich auf den langen Weg nach Nowosibirsk. Und eines Tages kam er dann bei ihr an, für sie völlig unerwartet. Noch an der Tür, auf der Schwelle zu ihrer Wohnung, machte er ihr einen Heiratsantrag.

So fanden nach langen alptraumhaften Jahren der Trennung und Prüfung zwei treue, sich liebende Herzen wieder zueinander. Von diesem Tag an lebten sie ständig zusammen und ihre vier Kinder besiegelten diesen ihren Bund für immer.

Nachdem alle mit der Heirat zusammenhängenden Formalitäten erledigt waren, machten sich Albert und seine Frau auf, um aus Sibirien in den Norden Kasachstans zu gelangen. Dabei setzte mein Bruder seine weitere „Freiheit" aufs Spiel, nur um für einen kurzen Zeitraum seine Verwandten und Angehörigen zu sehen, Vater und Mutter umarmen zu dürfen. Sobald seine Sehnsucht nach ihnen gestillt war, würde er, jetzt allerdings zusammen mit seiner Frau, wieder zurückfahren in sein Gefängnis, um seine „Bestrafung" abzusitzen.

In unserer Familie hatte man schon von diesem Ereignis erfahren und erwartete Albert und seine Frau voller Freude, aber auch in Angst um sein weiteres Schicksal. Ganz bewußt die vielleicht negativen Konsequenzen in Kauf nehmend, handelte er in dieser Situation nach dem Spruch: „Was für einen Menschen bestimmt ist, dem kann er nicht ausweichen". Durch die unsichtbare Kanäle, die uns untereinander verbanden, waren wir jedenfalls informiert und bereiteten das glückliche Wiedersehen vor.

Die Puppe

Alles, was mit diesem Besuch zusammenhing, wurde von meinem ältesten Bruder Johannes vorbereitet. Er war Musiker und lebte in Pawlodar. Leider konnte er uns nur selten besuchen. Aber wenn er kam, dann waren in unserer kleinen Erdhütte so viele Leute aus dem Dorf, daß man fast nirgendwo mehr Platz finden konnte. Alle wollten ihn sehen und seine Musik hören.

Kam er im Sommer, verwandelte sich unser Hof in eine Bühne, auf der Johannes spielte. Der Erdwall, der unseren Hof umgab, wurde zur Tribüne, auf der die Zuschauer saßen. Man hatte dann den Eindruck, als ob oben auf dem Wall eine lebende Hecke gewachsen wäre.

Niemals werde ich dieses Familientreffen im Frühling vergessen. Auf den Weg zu uns hatten Albert und Lili noch den älteren Bruder

Johannes und dessen Ehefrau abgeholt. Kaum waren sie im Dorf angekommen und vom Traktor gestiegen, denn nur ein Traktor konnte zu dieser Jahreszeit die schlammige Steppe bewältigen, als auch schon die immer und überall anzutreffenden Dorfkinder in aller Eile zu unserem Haus gestürzt kamen, um uns die freudige Nachricht zu bringen.

Augenblicklich wurde es im Haus lebhaft. Meine Mutter und meine Brüder, zogen sich schnell noch eine Jacke über und eilten aus dem Haus, um die Ankommenden zu begrüßen.

Ich hatte natürlich nicht sofort begriffen, was vor sich ging, ich war ja erst ungefähr fünf Jahre alt. Ich hatte nur gesehen, wie Vater vor Freude aufsprang und er wie alle anderen zur Tür eilte, dann aber plötzlich innehielt und mit zitternden Händen eine Stütze suchte.

Weiß wie eine Wand ging er zum Tisch zurück und ließ sich schwer auf seinem Schusterstuhl am Fenster nieder.

„Wasser, gib mir Wasser", sagte er heiser.

Schnell lief ich zum Eimer und brachte ihm eine Schöpfkelle voll Wasser. Mit beiden Händen umfaßte er sie und mit einem Schwung stürzte er das Wasser in den Mund, so daß es über sein Gesicht und Kleidung schwappte. Dann lehnte er sich mit dem Rücken an die Wand und blieb in dieser Haltung sitzen. Offensichtlich hatte er keine Kraft mehr, sich zu bewegen.

So umarmte er auch, immer noch sitzend, seinen Sohn, den er sieben Jahre nicht gesehen hatte. Sicher hatte er im Stillen immer den Traum gehegt, ihn noch einmal wiederzusehen, aber in Wirklichkeit es nicht für möglich gehalten.

Als sein Traum nun aber doch in Erfüllung ging, konnten sein schwacher Körper die Freude und das Glück einfach nicht mehr ertragen.

Das Wiedersehen verlief eher bedrückend, als freudig. Die Männer weinten schweigend und wischten verstohlen ihre Tränen ab. Die Frauen schluchzten und weinten so heftig, daß es einfach herzzerreißend war.

Ich wußte nicht, wie ich mich in dieser Situation verhalten sollte. Deshalb verbarg ich mich halb hinter dem Rücken meines Vaters, hielt mich an seiner Hand fest und beboachtete mit großen Augen, was vor sich ging.

Die Szene änderte sich, als Albert plötzlich ganz entschlossen, so als ob er sich eines anderen besonnen hätte, mit energischen Schritten zur Tür ging. Er holte einen Koffer und stellte ihn auf den Tisch. Dann öffnete er ihn und nahm eine große Puppe heraus.

Sie hatte ausdrucksvolle blaue Augen mit langen dunklen Wimpern und einen dichten, lockigen, gold-blonden Haarschopf. Das schöne hellrosa Kleidchen brachte ihr eindrucksvolles Aussehen noch mehr zur Geltung und verlieh ihr märchenhafte Schönheit.

Zum ersten Mal in meinem Leben erblickte ich etwas Derartiges, und ich konnte mich von ihrem Anblick nicht losreißen. Wie verzaubert schaute ich auf dieses Wunder. Albert, der sah, wie gebannt ich von der Puppe war, kam zu mir. Er umarmte mich, gab sie mir und sagte: „Die Puppe ist für dich, ich schenke sie dir. Gefällt sie dir?"

Ich war noch immer wie im Schockzustand und schaute mit offenem Mund dieses wunderschöne Geschöpf an. Auf seine Frage schüttelte ich nur etwas mit dem Kopf und mußte einfach weiter diese Pracht anstarren. Dann legte er mir die Puppe so in die Arme, daß ich sie hielt wie eine Mutter ihr kleines Kind und erklärte mir: „Diese Puppe ist sehr fleißig und gehorsam, aber sie ist auch sehr empfindlich. Ich rate dir nicht, mit ihr lange zu spielen. Wie jedes kleine Kind wird sie schnell müde und beginnt zu weinen. Dann mußt du sie ganz schnell schlafen legen."

„Schau nur", erklärte er mir, wobei er die Puppe auf meinen Arm legte, „wenn du die Puppe niederlegst, macht sie sofort brav die Augen zu und schläft ein. Nimmst du sie ganz langsam hoch, macht sie ihre Augen wieder auf und spielt mit dir, wenn du es möchtest.

Zu meinem allergrößten Erstaunen machte die Puppe tatsächlich das, was der Bruder gesagt hatte. Das Wunder, daß sie tatsächich gehorsam die Augen schloß, wenn man sie hinlegte, konnte ich mit meinem kindlichen Verstand gerade noch verstehen. Als sie aber plötzlich mit dünner, klagender Kinderstimme anfing zu weinen, riß ich vor Erstaunen und Erschrecken meine Augen auf und sah mich um, ob nicht unter den Anwesenden ein kleines weinendes Kind wäre.

Vater sah mein Erstaunen und meine Begeisterung, verstand meine Erregung und riet mir, ins Schlafzimmer zu gehen, um mich dort in aller Ruhe mit meiner Puppe zu befassen.

Albert hatte sich unterdessen wieder seinem Koffer zugewandt und zog aus ihm wie aus einem Märchenkoffer, der nie leer wird, kleine, aber das Herz erfreuende Überraschungen heraus. Jeder erhielt ein nur für ihn bestimmtes, für ihn unvergeßliches Geschenk. Niemanden ließ er aus, sogar für diejenigen, die in unsere Küche nur als neugierige Beobachter gekommen waren, überlegte er sich schnell etwas. Solch glückliche Tage gab es bei uns nur ganz selten. Wahrscheinlich kann ich mich auch deshalb so gut an sie erinnern.

Getrieben von meiner Neugier, mit diesem bezaubernden Geschöpf, das auf meinen Armen ruhte, allein zu sein,entfernte ich mich still von den anderen. Ich schlüpfte in mein Bett, legte ganz behutsam die Puppe ans Kopfende und begann vorsichtig ihre Augen, Gesicht und Körper zu betasten.

Mir kam es so vor, als ob sich ihr blutrotes Mündchen öffnete und sie sich mit mir auf ganz normale menschliche Art unterhielte.

Sie hatte aber nicht nur mich derart tief beeindruckt, denn sehr schnell gab es in unserem kleinen Dorf fast niemanden mehr, der nichts von ihr wußte. Das führte auch dazu, daß unsere kleine Hütte bald überfüllt war mit Neugierigen.

Kaum hatten die Dorfkinder erfahren, daß die Puppe die Augen öffnet und schließt und sogar weinen kann, kamen sie in Scharen zu uns. Das Gedränge war schnell so groß, daß man fast nicht mehr ein- und ausgehen konnte. Auch der Hof war voll von Neugierigen, wobei die Dorfkinder in der Mehrzahl waren.

Sie krochen ganz dreist einfach unter den Beinen der stehenden oder sitzenden Leute hindurch, versuchten alles mögliche und unmögliche, um vorwärts zu kommen, hin zu diesem Wunder, um ihre Neugier zu befriedigen.

So war mein Vater gezwungen, irgend etwas zu unternehmen, weil man sich ihrer einfach nicht erwehren konnte. Und er fand schnell eine Lösung: Alle Erwachsenen rückten zur Seite, Albert nahm die Puppe in die Hand und zeigte den Kindern, was sie alles konnte.

Danach verkündete er, daß sie heute nicht noch einmal „vorgestellt" würde, aber morgen. Diejenigen, die sie noch nicht gesehen hätten oder noch einmal ansehen wollten, sollten morgen alle wiederkommen. Dann wolle er noch einmal die Puppe zeigen und sie dürfe sogar angefasst werden, aber nur von denjenigen- und das mußte mein Bruder mit Seitenblick auf die Kinder aus dem Dorf hinzufügen! – die saubere Hände hätten.

Von diesem Tag an wurde die Puppe ein untrennbarer Teil von mir. Ich nahm sie immer mit, wohin ich auch ging. Im ganzen Dorf hatte nicht eines der Kindern eine so große, schöne, richtige Puppe. Ich paßte eifersüchtig auf, wenn ich ihnen hin und wieder gestattete, sie kurz zu berühren. Schnell nahm ich sie aber wieder weg und wickelte sie in eine kleine Decke.

Hochzeit, die Spucke

Am nächsten Tag versammelte sich bei uns im Haus unsere gesamte vielköpfige Familie mit Frauen und Kindern, um meinem Bruder zur rechtmäßigen Ehe zu gratulieren und seine Frau kennenzulernen.

Gleichzeitig mußten sie sich aber schon wieder von ihnen verabschieden, weil die Stunden gezählt waren: Der Weg zurück nach Workuta versprach, sehr lang, schwierig und in höchstem Maße gefahrvoll zu werden.

Ganz früh morgens herrschte schon rege Tätigkeit. Es waren sehr viele Gäste da. Auch die Frauen aus unserem ehemaligen Dorf im Kaukasus, die man mit uns zusammen hierher deportiert hatte, waren gekommen. Sie alle kannten Albert und seine Frau seit den Kindertagen. Und so gehörten die beiden auch untrennbar zu ihnen.

Um alle unterzubringen, wurden im Schlafzimmer die Betten auseinandergenommen und mit dem gesamten Bettzeug hinausgetragen. Die Männer stellten in Hufeisenform selbstgezimmerte Tische zusammen und bauten aus Brettern lange Bänke.

Geschäftig liefen die Frauen zwischen den Tischen und dem Herd hin und her. Alle, die kamen, nahmen schon zu Hause vorbereitetes Essen (soviel sie entbehren konnten) aus ihren Taschen und stellten es auf den Tisch.

Als Tischschmuck dienten kleine Zweige voll praller Knospen mit dem ersten zarten Frühlingsgrün.

Wie es ihnen zustand, nahm das junge Ehepaar die Ehrenplätze ein. Nachdem auch alle anderen sich gesetzt hatten, konnte das Festmahl beginnen.

Für kurze Zeit vergaßen die Menschen ihre Sorgen und Ängste. Die alt und grau gewordenen Ehefrauen und Witwen wurden für einen Augenblick von ihren quälenden, vergeblichen Hoffnungen und Erwartungen, von den furchtbaren schlaflosen Nächten, von Tränen und Kummer abgelenkt.

Im Haus war es laut und lustig, es wurde ungezwungen geplaudert, und die glückliche, freudige Stimmung war überall zu spüren.

Fasziniert betrachtete ich die schön geschneiderten Blusen der Frauen. An den Kragen und in den Täschchen steckten zur Farbe der Blusen passend perfekt genähte und umhäkelte Taschentücher.

Unüberhörbar machte ich ihnen Komplimente, war entzückt und lobte ihre Festkleidung. Wurde eine von ihnen wegen meiner überschwenglichen Komplimente rot, nahm meine Begeisterung noch zu.

Es war mir nicht oft vergönnt, solch glückliche Gesichter zu sehen.

Noch jetzt, nach vielen Jahren, steht mir alles, was ich damals sah ganz deutlich vor Augen. Es ist mir, als ob alles heute stattfinden würde.

Plötzlich hörte man unerwartet laut die Eingangstür schlagen. Augenblicklich wurden die Menschen still und aufmerksam. Mit einem Ruck ging die Küchentür auf, und unvermittelt trat der Kommandant zu uns ein.

Wie immer war er in seinen schwarzen halblangen Ledermantel gekleidet mit dem straff um die Taille und über die Schultern gezogenen breiten Lederriemen und der Revolvertasche an der rechten Seite.

Mit weitausholenden elastischen Schritten schritt er durch das Zimmer und blieb neben dem Tisch stehen. Dann „baute" er sich vor uns auf: mit breit auseinandergestellten Beinen, die Arme auf dem Rücken verschränkt.

Augenblicklich war alle Freude von den Gesichtern der Menschen gewichen. Jetzt stand in ihnen nur noch der Ausdruck von Angst und fragendem Schweigen. Jeder war an seinem Platz erstarrt.

Die bedrückende Stille wurde von der barschen, näselnden Stimme des Kommandanten unterbrochen:

„Aus welchem Anlaß findet hier eine Versammlung statt?", brüllte er und legte die Betonung auf das Wort „Versammlung", es förmlich durch seine faulen, unsauberen Zähne hindurchquetschend.

Mit finsterem Blick betrachtete er jeden einzelnen, der am Tisch saß.

Sah er jemanden etwas länger an, zog dieser automatisch den Kopf ein, gerade so, als müsse er einem Schlag ausweichen.

Haßerfüllt beobachtete ich diesen Unmenschen. In meinem kleinen Körper tobte ein derartiger Wirbel aus Wut und Protest, daß ich, wie auch damals auf dem Strohhaufen, bereit war, mich wie ein wildes Tier auf ihn zu stürzen, ihn bis zu meinen letzten Atemzug zu beißen und zu schlagen.

Auf einmal fühlte ich den strengen Blick des Vaters auf mir. Ich schaute in seine Richtung und sah, daß er schweigend mit seiner Hand zu Tür wies.

Ich wußte, was das für mich bedeutete. So senkte ich den Kopf, stand von meinem Platz auf und ging hinaus. Aber auch von der Küche aus konnte ich verfolgen, was im anderen Zimmer vor sich ging.

Währenddessen stand Albert vom Tisch auf, trat vor den Kommandanten und sagte laut:

„Genosse Leiter, es haben sich hier nur meine Verwandten versammelt, um mich zu sehen und meiner Frau und mir zur gesetzmäßigen Eheschließung zu gratulieren. Gestern abend, sofort nachdem wir angekommen waren, haben wir uns schon bei Ihnen angemeldet. Wir dürfen noch einen Tag bei den Eltern bleiben. Morgen früh, vor der Abfahrt, werden wir uns in Ihrem Büro abmelden und schriftlich unsere Abreise bestätigen."

Und höflich fügte er hinzu:

„Bitte, nehmen Sie an unserem Tisch Platz, Genosse Leiter!"

„Ich bin nicht dein Genosse, für dich ist nur ein Schwein dein ‚Genosse', schrie der Kommandant zynisch und spöttisch als Antwort.

„Für solche wie dich und für euch alle, bin und bleibe ich immer noch der ‚Kommandant'!

Hämmert euch das in eure widerlichen Schädel!

Ich warne Euch: Morgen früh um sieben sind beide mit Sack und Pack bei mir im Büro, bereit zur Abreise!

Allen übrigen gebe ich noch zwei Stunden. In zwei Stunden ist in diesem Haus kein Fremder mehr!"

Nach diesen Worten sah er schweigend und mit haßerfülltem Blick über die am Tisch Sitzenden, hielt einen Moment inne, um dann ganz genüßlich und geräuschvoll seinen im Mund gesammelten Speichel quer über den Tisch zu spucken. Kleine übelriechende schaumige Spuckespritzer ließen sich überall auf den Lebensmitteln nieder.

Ruckartig drehte er sich daraufhin um, ging hinaus, schlug die Tür laut zu und verließ das Haus.

Auf dem Hof setzte er sich in seinen Wagen, trieb mit lauter Stimme das Pferd an und fuhr weg ins Dorf.

Alle waren entsetzt und keiner sagte ein Wort. Plötzlich erhob sich mein Vater von seinem Platz, packte unseren Küchenbesen aus Wermutkräutern und wütend, zitternd vor Erregung, fegte er mit einem Schwung alles, was auf dem Tisch stand, zu Boden.

„Maria", schrie er in höchster Erregung meine Mutter an, „heb dieses verseuchte Essen auf und gib es dem Hund. Von einem Hund zum anderen! Möge er heute auch ein Festmahl haben!"

Mit schon wieder ruhiger und brüchiger Stimme bat er dann alle, vom Tisch aufzustehen.

Er ergriff einen der vollen Wassereimer, die immer auf der Bank standen, und goß das ganze Wasser über den Tisch.

„Schabt diesen Schmutz vom Tisch ab! Die Tische sind aus Holz, man kann sie wieder säubern. Aber was ist mit unseren Gefühlen? Wer kann sie heilen? Nur der Tod!"

Während die Frauen mit den Messern die Tische sauberkratzten und das Wasser vom Boden aufwischten, ging er zum ältesten Sohn und bat ihn:

„Hannes, nimm dein Bajan! Spiel uns etwas vor, mein Sohn!

Unsere Polka, unsere deutsche Polka! Vielleicht macht das den Frauen das Herz leichter.

Mit der Spucke, das werden wir aushalten! Was haben wir schon alles erlebt, ertragen und überstanden! Spiel, mein Sohn, mach den Menschen etwas Freude!"

Also ergiff mein Bruder sein Instrument, zog den Blasebalg auseinander, überprüfte den Klang, und seine geschickten Fingern bewegten sich flink über die Knöpfe. Und schon war der ganze Raum erfüllt vom fröhlichen Klang der Polka.

Offensichtlich ist von Natur aus in jedem Menschen ein besonders sensibles Gefühl für die Klänge der heimatlichen Lieder und Tänze vorhanden.

Sie haben eine unerklärliche Macht über die menschlichen Seelen. So war es auch hier bei uns.

Trotz der nur mühsam zurückgehaltenen Tränen und des Kummers über ihr trauriges Schicksal, hellten sich die Gesichter sofort bei den ersten Tönen auf, so als hätte sie ein Sonnenstrahl getroffen.

Ihre Herzen aber waren noch nicht frei von der sich immer wiederholenden Schmach der Erniedrigung, von Kränkung und Schmerz. Beim Hören der vertrauten Töne ließen sie ihren Gefühlen und Tränen freien Lauf. Es war für die Menschen in dieser Situation die einzige Erleichterung.

Grenzenlose Geduld, Widerstandskraft und unbeugsamer Mut waren ihr Schild und die Quelle ihrer Hoffnung. So lebten sie. Kaum durften sie einmal ein kleines bißchen Freude, ein ganz klein wenig Glück empfinden – und schon wurde grob und grausam alles wieder zunichte gemacht.

Und so saßen bald wieder alle mit hängenden Köpfen da und schwiegen vor sich hin.

Als meine Mutter bemerkte, daß Vater sehr niedergedrückt war und immer noch am ganzen Körper zitterte, bat sie Johannes, mit dem Spielen aufzuhören.

Zum Abschluß sollte er aber doch noch ein Lied spielen, das besonders von den Frauen gern gehört wurde.

Und so nahm er wieder sein Instrument, stimmte sich und die Umstehenden auf die Tonlage ein und nahm die für ihn typische Haltung beim Spielen ein.

Es erklang das getragene, traurige Todeslied vom Postkutscher:

Steppe, Steppe ringsum

1. Steppe, Steppe ringsum,
   Weit liegt der Weg
   In dieser öden Steppe
   Ist ein Kutscher erfroren

2. Und, mit letzter Kraft,
   Fühlend seinen Tod
   Gab er dem Gefährten
   Seinen letzten Auftrag:

3. Du, Gefährte mein,
   Trag nicht böses nach.
   In dieser öden Steppe
   Trage mich zu Grab!

4. Führe meine Pferde
   Zu meinem Vater.
   Tiefste Verehrung
   Überbring meiner treuen Mutter.

5. Sage meiner Frau
   Noch ein Abschiedswort.
   Übergebe ihr
   Unser Trauring.

6. Und sag ihr auch
   Sie soll nicht traurig sein,
   Mit einem anderen
   Soll Sie glücklich werden.

7. Sage ihr über mich,
   Daß ich in der Steppe erfror,
   Doch ihre Liebe,
   Nahm ich mit mir mit.

In diesem Moment mußte man Johannes einfach gesehen haben!
    Er saß vor uns, war aber doch weit weg: Sein Blick war über die Zuhörer gerichtet, und an seinem Gesichtsausdruck konnte man sehen, daß die Melodie ihn völlig in ihren Bann gezogen hatte und ihn ein unbeschreibliches Wohlgefühl der Feierlichkeit empfinden ließ. Und diese Stimmung übertrug sich auch auf alle anderen.
    Jeder dachte, er spiele und sänge nur für ihn allein. Mit seiner durchdringenden, tiefen Stimme beschwor er geheime Träume und Hoffnungen auf. Es herrschte ein Gefühl, als ob durch das traurige, die Gemüter bewegende Lied alles im Haus erstarrt wäre.
    Johannes wurde von Lili, die eine schöne helle Stimme besaß, und von einigen Männern mit tiefen Baßstimmen wirkungsvoll begleitet.

Bei den ersten Worten des Liedes schnupften die Zuhörer verstohlen, offensichtlich verglichen sie das traurige Ende, das der Held des Liedes in der Steppe erleiden mußte, mit ihren eigenen Schicksalen, Gefühlen und Erlebnissen.

Sie warfen sich gegenseitig Blicke zu, ließen sich von dem Lied so sehr anrühren, daß sie weinten. Ihre Tränen wischten sie nicht ab, sondern saßen einfach stumm da.

Als der letzte Akkord verklungen war, wurden sie unruhig, fuhren sich mit einem Taschentuch über Augen und Nasen, und schauten fragend und nervös auf die Uhr. Die ihnen zugeteilte Zeit ging zu Ende.

Um nicht ohne Grund eine Gefahr heraufzubeschwören, standen sie schweigend auf und gingen still auseinander. Unserer Familie verblieb nur eine einzige gemeinsame Nacht. Abends, vor dem Anzünden der Lampe, wurden die Fenster sorgfältig mit einer dunklen Decke verhängt, damit kein Lichtstrahl nach draußen dringen konnte. So entstand von außen der Eindruck, daß Ruhe und Stille im Haus herrschte.

Beim trüben Schein der fast ganz heruntergeschraubten Petroleumlampe saßen aber noch alle bis tief in die Nacht hinein einträchtig zusammen.

Sie tauschten ihre Erlebnisse aus, erinnerten sich an Vergangenes und waren glücklich über das Geschenk, einander jetzt so nahe sein zu dürfen. Denn niemand konnte doch wissen, welche Fallen das Schicksal für sie morgen schon wieder bereit hielt. Über das, was die Zukunft bringen würde, sprach man deshalb auch nicht. Sie war zu trügerisch und unbestimmbar.

Am folgenden Morgen, noch vor Sonnenaufgang, begleiteten alle Verwandten und Freunde das junge Paar, Albert und Lili, bis zum Dorfrand. Den Abschiedsschmerz zeigte niemand offen. Schweigend sahen alle dem Traktor nach, bis er nicht mehr zu sehen war.

Das Schicksal bestimmte für Albert nur noch eine ziemlich kurze Zeit auf dem Planeten Erde. All das Schwere, was er erleben mußte, hatte offensichtlich seine körperlichen Kräfte vorzeitig erschöpft, denn nichts, was geschieht, geht spurlos am Menschen vorbei.

Im Alter von fünfzig Jahren mußte er von uns gehen. Alle, die ihm nahestanden, empfanden große Trauer und vermißten ihn sehr. In der Erinnerung der Menschen, die ihn gekannt hatten, lebten seine guten Werke, tadelloser Name und sein für alle offenes Herz weiter.

Wir alle beugen uns dem unerbittlichen Willen des Schicksals. Wir sind nur Gäste auf diesem Planeten bis zu dem uns bestimmten Tag und dann müssen wir, ob wir wollen oder nicht, demütig in das Unbekannte gehen.

Nach der Abfahrt meiner beiden Brüder zu ihrer Zwangsarbeit, kehrte bei uns zu Hause allmählich wieder der Alltag ein.

Mein Vater war allerdings nach dem langen eiskalten Winter häufiger krank als sonst. Er war fast zum Skelett abgemagert und begann dumpf zu husten. Mutter versorgte ihn mit Getränken aus Kräutern, aber seine Gesundheit wurde von Tag zu Tag schlechter.

Nachts, wenn ich so wie früher mit ihm allein sein wollte und zu ihm ging, um seinen Märchen zu lauschen, auf seine Knie zu klettern oder mich in seinem Schafpelz zu „vergraben", saß er oft tief gebeugt und geistig abwesend an seinem Schustertisch, manchmal auch neben der geöffneten Ofentür, schaute sinnend ins Feuer, rauchte seine Selbstgedrehte und sprach vor sich hin.

Vom schwachen Licht der Petroleumlampe wurde jede seiner Bewegungen als unheilvoller, dunkler Schatten an die Wände, an die Decke und auf den Boden geworfen.

Ab und zu sprach er plötzlich ein paar Worte laut aus, für mich ohne erkennbaren Zusammenhang.

Befand er sich in diesem Zustand, wagte ich nicht, ihn anzusprechen. Ganz leise ging ich ins Schlafzimmer zurück, kletterte zur Mutter ins Bett, kuschelte mich an ihren warmen, gesunden Körper und schlief ein.

Die dritte Prophezeihung der Zigeunerin

Als ich 14 Jahre alt war, erfüllte sich die dritte Prophezeiung der Zigeunerin.

Der Winter hatte schon seine Vorherrschaft über die Natur aufgegeben und in den Tälern schimmerte blau getautes Eiswasser, das sich in kleinen Tümpeln gesammelt hatte. Nachts gefror es wieder, und zur Freude der Kinder verwandelten sich die Tümpel tagsüber in eine Eisbahn. Schnell bedeckte sich der hügelige Teil der Steppe mit saftigem Grün.

Zu dieser Zeit war das Vieh in den Ställen und Scheunen schon halb verhungert, denn es fehlte jetzt an Heu und Stroh.

Sobald aber die ersten grünen Gräser zu sehen waren, wurde das Vieh auf eigenes Risiko auf die Weiden gelassen.

Mit der verantwortungsvollen Arbeit des Hütens wurden dabei in den meisten Fällen halbwüchsige Jungen beauftragt.

Um das begehrte Futter zu finden, mußten die Kühe bald in der Steppe, bald auf kleinen Hügeln grasen. Und so entfernten sie sich manchmal weit vom Dorf, was die Hütejungen nicht bemerkten, weil sie in ihre Spiele vertieft waren.

Deshalb konnte es auch passieren, daß eine Kuh abends nicht zu ihrem Stall kam. Man mußte sie aber unbedingt noch vor Einbruch der Nacht wiederfinden, sonst würden sie schnell ein Fressen für die Wölfe. Denn diese belauerten das Vieh auf den Weiden immer und überall.

Als meine Eltern eines Tages nachmittags um vier Uhr von ihrer Arbeit nach Hause kamen, mußten sie feststellen, daß dieses Mal unser Tier verloren gegangen war. Wie üblich, war unsere Kuh morgens auf die Weide getrieben worden, aber jetzt war sie weder im Stall noch in der Nähe des Dorfes zu finden.

Das für uns so wertvolle Tier mußte also unbedingt gesucht und gefunden werden. Am besten war das mit einem Pferd zu erreichen.

Leider war aber niemand da, der uns helfen konnte, denn nur meine Eltern und ich waren zu Hause. Meine Mutter konnte nicht reiten, mein Vater hatte dazu keine Kraft mehr.

Es gab nur eine Möglichkeit, die Kuh zu suchen: Ich mußte einspringen.

Da ich damals meinem Vater oft bei der Versorgung der Kolchospferde helfen mußte, war mir das Pferd, auf dem ich reiten sollte, sehr vertraut.

Im Pferdestall habe ich mit dem größtem Vergnügen gearbeitet, denn dort war es immer schön warm und anheimelnd! Wie wunderbar roch es nach warmen Sommertagen, verwelkten und getrockneten Steppenkräutern, Heu aus Steppengräsern und nach Pferden. Ich legte ihnen Heu in die Futterkrippen, tränkte und betreute die Tiere. Dafür wurde mir auch manchmal erlaubt, vor Sonnenuntergang, wenn die Arbeiten im Pferdestall beendet waren und man sich auf die Nacht vorbereitete, einen jungen braunen Hengst zu satteln und mit ihm einen kurzen Ausritt um die Farm zu machen.

Dieses Pferd, einen Zelter, liebte ich sehr und verwöhnte es, so gut ich konnte. Mit einer Metallbürste striegelte ich sein glänzendes Fell, kroch ihm ohne Angst unter dem Bauch durch, kämmte und wusch ihn.

Neben anderen kleinen Geschenken erhielt er oft von mir Zuckerstückchen, die er vorsichtig mit seinen seidenweichen Lippen aus meiner Handfläche aufnahm. War er auf den Geschmack gekommen, forderte er immer mehr: Er machte seinen Hals lang, näherte sich mit seinem weichen Maul meinem Gesicht und suchte eine Zugabe. Spürte er meinen Atem, schüttelte er unzufrieden mit dem Kopf und ich wurde kräftig angeschnaubt. Dann umgab mich ein Schwall heißer, allzu süß nach gekautem Heu riechender Luft.

Mit seinen Lippen schnappte er nach meinen Haaren, zog eine Strähne aus meinen Zöpfchen, zupfte und kaute auf ihr herum.

Manchmal tat er mir dabei mit seiner Pferdekraft so weh, daß ich aufschrie und ihm einen Klaps auf sein Maul gab. Sofort sprang er ein Stück zurück, sah mich mit aufgerissenen Augen ganz erstaunt an, um dann beleidigt und betont stolz seinen Kopf abzuwenden, die Haltung eines unverdient Bestraften einzunehmen und mich zu beobachten.

Natürlich war er auch hin und wieder eigensinnig, störrisch und dann wieder sehr temperamentvoll. Immer wenn ich zu ihm kam, freute er sich und alberte gern mit mir herum.

Da es ein sehr schnelles und geschicktes Pferd war, bevorzugten es auch die Schafhirten bei ihren verschiedenen Pferderennen und Spielen, die sie im Frühling veranstalteten.

Wir waren also sehr aneinander gewöhnt und als ich hörte, daß ich mit diesem Pferd losreiten sollte, unsere Kuh zu suchen, stand mir vor Freude fast das Herz still. Natürlich gab ich mir Mühe, meine Begeisterung so gut es ging zu verbergen, denn ich fürchtete, das es am Ende doch nicht dazu kommen würde.

Vater führte aber schon das Pferd heran und begann, für mich einen weichen „Sattel" herzurichten: Er war eine wattierte Jacke, mit Riemen um den Pferdeleib festgezurrt.

Mutter, die schon die ganze Zeit besorgt in meine Richtung geblickt hatte, wandte sich nun vorwurfsvoll an Vater und sagte:

„Johannes, es ist sehr gefährlich, sie um diese Zeit in die Steppe zu schicken. Sie ist doch noch ein Kind. Vielleicht reitet sie weiter, als sie darf, zu weit in die Steppe hinaus."

Bei den ersten Worte meiner Mutter, flammte in den Augen meines Vaters Zorn auf. Schroff fuhr er sie an:

„Dann sag mir doch, was du vorschlägst!"

Als Antwort schaute Mutter ihn nur hilflos an, fast weinte sie, und senkte dann schuldbewußt ihren Blick.

Nun wußte er nicht, was er tun sollte und stand wie Mutter in derselben hilflosen Pose da, stützte sich dabei kraftlos auf seine selbstangefertigte Krücke.

Ich sah, wie es ihn quälte, daß er die Sache nicht selber regeln konnte. Er hatte dieselben Befürchtungen wie Mutter, war aber einfach körperlich zu schwach und zu krank, als daß er eine andere Lösung des Problems wußte.

Immer hatte er in seiner Familie gesagt, was zu tun und zu lassen war und immer hatte er ohne Hilfe von außen erfolgreich alles geregelt, aber jetzt konnte er es nicht mehr. Und deshalb war sein Ehrgefühl so tief getroffen. Er konnte seine Hilfslosigkeit kaum ertragen und sein Stolz war derart verletzt, wie es sich die Mutter sicher nicht vorstellen konnte.

Müde von der Anspannung, lehnte er sich für einen kurzen Augenblick an die Wand unseres Hauses, als ob er einen Halt suche.

Einige Minuten verharrten beide so in ihrer Verwirrtheit und Unentschlossenheit.

Ich aber verlor die Geduld, war ärgerlich über meine Mutter, weil sie dieses Thema berührt hatte und wollte so schnell wie möglich aufsitzen und losreiten.

Plötzlich stieß sich Vater energisch von der Wand ab und ging zum Pferd.

Sein Gesicht nahm den Ausdruck fester unbeugsamer Entschlossenheit an.

„Sie ist kein Kind mehr", stieß er heftig hervor.

„Du bist mit 14 Jahren Waise geworden und du mußtest dich um deine Brüder und Schwestern kümmern. Hast du vergessen, was du mitgemacht hast, wie ihr vor Hunger bald gestorben seid? Hast du vergessen, wie ihr gebettelt habt? Wie ihr zerlumpt, hungrig, halberfroren vor Kälte von Haus zu Haus gehen mußtet in der Hoffnung ein Stück Brot zu bekommen?

Hast du vergessen, wie man dich fortgejagt hat wie einen streunenden Hund? Hast du vergessen, wie du im Winter im Wald in der Bärenhöhle zusammen mit deinen Brüdern und Schwestern gefroren hast?

Du hast alles vergessen!

Denkst du denn, daß nur du deine Tochter liebst und sich um sie sorgst? Ja, denkst du so?

Aber daran, daß sie erwachsen werden und lernen muß, dem Tod in die Augen zu sehen, lernen muß ihm zu widerstehen, sich nicht beleidigen zu lassen – daran denkst du nicht!

Jetzt ist die Zeit gekommen, sie darauf vorzubereiten. Das, was das Schicksal für sie bestimmt hat, wird so oder so kommen. Trotzdem muß sie sich auch behaupten können!

Ich hätte sehr gern, wenn sie deine Kraft und dein Durchhaltevermögen besäße", redete er heftig weiter, und überprüfte dabei das Zaumzeug des Pferdes.

„Aber ich will nicht, daß sie dein Schicksal erleiden muß! Dann wäre sie besser überhaupt nicht mehr da! Möge sie reiten! Was kommen soll, das kommt bestimmt; je schneller, um so besser!" stieß er hervor, gerade so, als hätte er ein Urteil gefällt.

Ich habe gar nicht versucht, den Sinn seiner Worte zu ergründen. Mich beschäftigte nur ein Gedanke: So schnell wie möglich in die Steppe zu kommen!

Mutter war durch seine Äußerungen irgendwie erschrocken, in Sorge und wollte schon widersprechen. Als sie aber den fiebrig-bösen Ausdruck seiner Augen sah, verschluckte sie lieber das, was sie sagen wollte, schwieg und überlegte es sich anders.

Währenddessen hatte mir Vater in den „Sattel" geholfen. Nervös überprüfte er den Sattelgurt, zog ihn noch etwas fester und gab mir die Peitsche in die Hand. Weit holte er mit seiner zur Faust geballten Hand aus und versetzte mit einem lauten Anfeuerungsschrei dem Pferd einen heftigen Schlag auf seine muskulöse Kruppe. Überrascht fuhr es zusammen, wich mit seinem ganzen Körper zurück, um sich gleich darauf mit einem Ruck von der Stelle abzustoßen, so daß ich mich kaum auf seinem Rücken halten konnte.

Gerade eben noch hörte ich die Stimme meiner Mutter:

„Paß auf, daß du nicht zu weit reitest! Nur um's Dorf herum! Komm dann nach Hause! Es ist schon spät!"

Ich tat aber, als hätte ich ihre Worte nicht gehört.

Allein mit dem Pferd in der Steppe und die milde Frische des abendlichen Frühlingswinds in meinen Haaren!

Ich war wie berauscht vom Gefühl der Freiheit und des Glücks!

Der Wind zerzauste meine Zöpfe, so als ob er sich mit ihnen die Zeit vertreiben wollte. Schnell hatte er sie aufgeflochten, gab ihnen die Freiheit. Bald wirbelte er meinen dichten Haarschopf hoch in die

Luft, schlug mir die Haare schmerzhaft ins Gesicht, wobei sie mir die Augen verdeckten, bald zog und zerrte er nur spielerisch an ihnen herum, versteckte sich zwischen den Strähnen, um mir mit ihnen Gesicht und Hals zu kitzeln.

In wilden Aufwallungen peitsche der Wind mir die dichte Pferdemähne schmerzhaft an die Arme, als ob er über meine Naivität spottete, sich aber auch gleichzeitig amüsierte und mich auf mögliche Gefahren aufmerksam machen wollte.

Wie herrlich war es in der Freiheit!

Das fliederfarbene verschwommene Licht des Frühlingabends in der unermeßlichen grünen Weite, über mir das riesige blaue Himmelsgewölbe, der Duft der sich entfaltenden Birkenknospen, der frische berauschende Frühlingswind, das schnelle, wunderbare Pferd und – die Steppe, diese geheimnisvolle, trügerische Wiege des Raums und der Fata Morgana!

In diesem Moment war ich einfach glücklich!

Die komplizierten Verhältnisse zu Hause, die Streitereien, das Unausgesprochene, die Tränen: In meinem Inneren hatte ein Gefühl des Protestes und der Entfremdung über all das schon begonnen.

Aber jetzt waren zum Glück alle diese Probleme hinter der häuslichen Schwelle zurückgeblieben.

Es gab für mich keine Ängste, Sorgen oder Ärger mehr.

Ich ließ die Zügel sinken und gab meinem Pferd volle Bewegungsfreiheit. Und als ob es meine Stimmungslage verstanden hätte und mir beistehen wollte, änderte es nun nach seinem Willen den Lauf. Übermütig ging es vom Galopp in Trab über und wieder zurück. Wie um meine Reaktionsschnelligkeit zu prüfen, stoppte es plötzlich hin und wieder abrupt, bäumte sich fast ganz auf, so als wolle es mich abwerfen.

Dann griff ich fest in seine Mähne, riß heftig daran, legte mich mit meinem ganzen Körper auf den seinen, streichelte und beklopfte zärtlich seinen Hals mit meinen weichen Händen. Aber danach, mit einem Ruck, gleichsam als Antwort auf seine frechen Streiche, zog ich die Zügel fest an, stieß ihm die spitzen Sporen in den Leib und zwang es derart, sich gegen seinen Willen schnell und widerspruchslos meinen Bewegungen unterzuordnen.

Da es ihm nun unmöglich war, sich den straffen Zügeln zu entziehen, legte es sich auf sie und preschte los. Wie auf Kommando fiel mein Pferd in Galopp, übersprang flache Bäche und Wasserläufe, die durch das Frühjahrstauwasser in der Steppe entstanden waren.

So jagte es davon, erhitzt und schnaufend, bis ich ihm die Möglichkeit gab, dieses wilde Rennen zu ändern. Dann begann es, mich im Kreis herumzuwirbeln, als säße ich auf einem Karussell, ging ganz abrupt in Trab über, und ich wurde im Sattel hoch- und runtergeworfen, wie auf einer Wippe.

Auf diese Art alberten wir beide eine lange Zeit herum und bemerkten dabei nicht, daß es ziemlich schnell dunkel wurde.

Plötzlich blieb mein Pferd mit einem Ruck stehen, spitze aufmerksam seine Ohren und begann ganz aufgeregt zu prusten.

Ganz intuitiv fuhr ich erschrocken zusammen, schaute mich um und erstarrte vor Angst.

Von allen Seiten glitten auf mich dichte dunkle Schatten zu.

Meine Augen begannen fieberhaft die Umrisse des Waldrandes neben unserem Dorf zu suchen, die man tagsüber schon aus weiter Entfernung sehen konnte. Sie dienten als Orientierung für jeden Reiter und Wanderer.

Aber ich konnte die ersehnte dunkle Silhouette nicht sehen. Zu meinem größten Leidwesen bemerkte ich voller Schrecken um mich herum nur die Schatten der dichten unheilverkündenden Dunkelheit. Von allen Seiten krochen sie auf mich zu, wie schreckliche Dämonen, und riefen in mir kaltes Entsetzen und Verzweiflung hervor.

Ich wußte nicht, wohin ich das Pferd wenden sollte, welche Richtung die richtige ist. Um mich dehnte sich nur grenzenlose wilde dunkle Steppe.

Durch den angespannten Körper meines Pferdes ging plötzlich ein flaches fieberhaftes Zittern.

Es fing laut an zu wiehern, machte eine Hinterhandwendung und ging durch.

Ganz intensiv versuchte ich nun, mit meinen Augen die Dunkelheit zu durchdringen und machte dabei in großer Entfernung von uns dunkle kleine Punkte aus. Sie kamen hinter uns her, rasten mit der gleichen Schnelligkeit wie wir dahin und hielten mit uns Schritt.

Voller Entsetzen wurde mir klar: Die Punkte sind Wölfe. Keinen Laut von sich gebend, umgaben sie uns von allen Seiten, berechneten dabei genau den Zeitpunkt ihres Überfalls.

Das Pferd raste in die Richtung, in der noch keine Punkte zu erkennen waren.

Mein ganzes Wesen bebte vor angstvollem Entsetzen und dem Bewußtsein des nahen Todes.

Mein Verstand dagegen suchte, einem wilden Rebellen gleich, fieberhaft nach einem Ausweg aus dieser schrecklichen Falle.

Und in dieser angstvollen, bedrückenden Lage entstand vor meinem geistigem Auge das Zigeunerlager: Ich sah die nächtlichen Pferderennen, die Reiter, deren Augen vom leidenschaftlichen Siegesfeuer glühten, und unsere Zigeunerin.

Ich hörte ihre Stimme:

„Das dritte Unglück sucht ihr selbst, aber mächtige Kräfte der Natur werden anders entscheiden!"

Diese Worte hingen förmlich als immerwiederkehrendes dumpfes Echo im weiten Raum über mir. Und plötzlich, wie ein mächtiges Donnergrollen die unwirklich scharfen Worte des Vaters:

„Dann wäre sie besser überhaupt nicht mehr da! Möge sie reiten! Was kommen soll, dem kann man nicht ausweichen!"

Erst jetzt kam mir der unheilverkündende Sinn dieser voller Verzweiflung heraus gesagten schrecklichen Worte richtig zu Bewußtsein. Erst jetzt wurde mir ihr wahrer Inhalt klar. Helle Wut stieg in mir hoch, umfing mit einem eisigen Griff meinen Hals und ließ mich kaum atmen. Wie im Fieber klapperten mir laut die Zähne.

Vater!... Mein Vater! Der Mensch, dem ich blind vertraute und den ich grenzenlos liebte, er schickte mich in den sicheren Tod! Als Beute vor die Wölfe! Aber nein, dazu wird es nicht kommen!

Ein seelischer Schmerz, fast nicht zu ertragen, verbrannte mich und tobte in mir wie glühendheißes Feuer. Dann suchte er sich einen Weg nach außen und mir entfuhr plötzlich ein wilder, wahnsinniger Schrei.

Als ich ihn wahrnahm, erschrak ich vor meiner eigenen Stimme. Mein Verstand jedoch arbeitete in höchster Konzentration weiter. Beharrlich ging er die verschiedenen Möglichkeiten einer Rettung durch.

Plötzlich haftete ich meinen Blick am Himmel fest. Denn wie schon zu allen Zeiten, wenn sich der Mensch in den schwersten Minuten des Unglücks oder Mißgeschicks mit seinen Gedanken unwillkürlich um Hilfe dorthin wendet, an den unermeßlichen, unergründlichen Himmel und das ewige Weltall, dort seine einzigartige, einmalige und unsichtbare geistige Wurzel suchend, so suchte auch ich dort ein Hoffnungszeichen für eine mögliche Rettung.

Am Horizont kam eben aus gitterartigen verschwommenen Wolken die riesige geheimnisvolle Mondkugel herausgekrochen und verlieh den Sternen einen ungewöhnlich hellen, fast blendenden Glanz.

Und blitzartig tauchte in mir ein Gedanke auf: „‚Der große Schöpflöffel'! Der Große Bär! Er kann dir als Orientierung dienen! Dein Pferd ist noch nicht müde, gib ihm zu erkennen, daß Du sein Herr bist, daß du es lenkst und daß du nicht in Panik bist, nicht so wie das Pferd!"

In diesem Moment fuhr in mich offensichtlich der Teufel. Wie eine rasende Furie blickte ich wild um mich. Jetzt konnte ich schon genau die Konturen der Wölfe erkennen, die durch die Luft zu schweben schienen und mit gewaltigen Sprüngen uns entgegen kamen.

Der „Schöpflöffel" am Himmelsgewölbe bot mir seine Dienste an, hatte ich doch immer seinen „Löffel" unserem Haus voraus gesehen.

Und mir schoß der Gedanke durch den Kopf: „Das Pferd trägt mich in die richtige Richtung. Und diese Erkenntnis machte mich stark, gab mir Kraft. Das überwältigende Gefühl, dem Tod Widerstand entgegenzusetzen, machte mich so wild und grausam wie die ganze mich umgebende Natur.

Mit nach vorn gebeugten Oberkörper erhob ich mich aus den Steigbügeln, wie zum Sprung ansetzend, und begann laut loszuschreien. Gleichzeitig stieß ich meinem Pferd die spitzen Sporen in seine Flanken und peitschte wild auf es ein.

Als Antwort darauf oder vielleicht auch vor Schmerz wieherte das Pferd hell auf und raste noch schneller dahin.

Und jetzt schien es mir, als ob auch ich mit dem Pferd durch die Luft schweben würde, so wie die Wölfe hinter uns. „Lauf, lauf", schrie alles in mir. Das Knallen der Peitsche stachelte mich noch an und ich schlug immer heftiger auf mein Pferd ein, völlig unkontrolliert und wie von Sinnen.

Wie lange wir so dahin „schwebten", weiß ich nicht, es erschien mir aber wie eine Ewigkeit.

Plötzlich vernahm mein Gehör ein undeutliches, weit entferntes Gewieher von Pferden. Es war so unklar, daß ich einfach meinen Ohren nicht traute. Ich kam zu dem Schluß, daß die Steppe nur das Gewieher meines eigenen Pferdes zu mir trug, sein eigenes Echo, nur etwas verzögerter als üblich.

Mein Pferd allerdings verlangsamte plötzlich seinen Lauf und wieherte noch einmal unnatürlich laut und wie rufend. Und wieder – wie ein Echo – ein Wiehern: als Antwort darauf! Gleichzeitig spürte ich, wie vom Körper des Pferdes die Anspannung wich.

„Sollte das wirklich so sein?" In mir keimte Hoffnung auf.

„Nein, das scheint mir alles nur so", entschied ich und gab meinem Pferd, das deutlich langsamer wurde, noch stärker die Sporen. Aber dann vernahm ich schon ganz deutlich den gedämpften Laut eines Schußes. Ein zweiter! Ein dritter! Ich hörte das Schießen näherkommen; von allen Seiten hörte ich jetzt Schüsse.

Ich schaute mich um und sah wie die Wölfe sich nun von uns in entgegengesetzter Richtung entfernten, mit denselben riesigen Sprüngen wie vorher.

Nun hörte ich auch ganz deutlich wildes Geschrei und Rufe von Menschen.

„Zigeuner"!, schoß es mir durch den Kopf. So wild können nur Zigeuner schreien.

Mein Pferd verlangsamte unterdessen seinem Lauf immer mehr. Dann knickte es mit den Hinterbeinen ein und bremste stark ab, wobei es schwer atmete, schnaubte und riesige Fetzen weißen Schaums vom Zaumzeug aus den Winkeln seines Mauls abschüttelte.

Aus allen Richtungen kommend, laut schreiend und schießend, galoppierten auf mich ein Dutzend Reiter zu. In wildem Tempo sausten sie an mir vorbei und verfolgten die Wölfe.

Einer von ihnen, laut zigeunerische Schimpfworte ausstoßend, stoppte direkt neben mir sein Pferd.

Es war unser Zigeuner. In seinen Augen glitzerte heller Zorn. Instinktiv zog ich meinen Kopf zwischen die Schultern, weil ich erwartete, daß seine Peitsche meinen Körper schmerzhaft berühren würde.

Aber als ob er mich nicht sehen würde, schlug er nur ganz leicht mein Pferd mit der Peitsche und zwang es so, weiterzugehen. Einige Zeit führte er uns noch im Kreis herum. Erst ganz allmählich brachte er das Pferd zum Stehen.

Er trat heran, hob mich schweigend herab, setzte mich auf sein Pferd und kehrte, immer noch schweigend, zu meinem zurück. Schnell nahm er ihm das Zaumzeug ab, entfernte den immer noch vorhandenen Schaum, der unter den Zugsträngen in dicken Klumpen herauslief, und begann, seinen feuchten, vor Schweiß glänzenden Körper mit kraftvollen massierenden Griffen trockenzureiben.

Dabei sprach er mit ihm auf zigeunerisch wie von Mensch zu Mensch.

Dankbar schaute ihn das Pferd an, wobei es seine Augen mit den violetten Pupillen weit aufriß und in Richtung des Zigeuners blickte. Es nickte ihm zu, schüttelte sich und begann zu wiehern.

Mir schien es, als ob sich da zwei Freunde über das unterhalten, was sie eben erlebt hatten.

Meiner Person schenkte der Zigeuner überhaupt keine Beachtung. Ich existierte für ihn anscheinend überhaupt nicht. Das widerum kränkte ganz außerordentlich mein Selbstbewußtsein, meinen Stolz.

Endlich war er mit meinem Pferd fertig und kam zu seinem zurück.

Ganz enttäuscht wandte er sich nun mir zu und sagte: „Oh, Du unvernünftiges Vögelchen! Wenn ich über Dich bestimmen könnte, würde ich dir deine Torheit hier mit dieser Peitsche austreiben! Das wäre Dir für lange Zeit eine Lehre! Solch ein Pferd zuschanden zureiten! Ach, Mädchen...!"

So schimpfte er inbrünstig mit mir.

Als Antwort schrie ich ihn an, wie ein junges Tier, borstig die Krallen zeigend: „Gib mir mein Pferd oder bring mich nach Hause! Weshalb verspottest du mich!"

„Ach, auch noch hochmütig! Da sieh mal einer an! Ein Zigeunerlager wäre für dich das Richtige, aber nicht ein deutsches Haus! In dir fließt Zigeunerblut, du Teufelsmädchen!"

Dabei glühten seine Augen vor Zorn.

„Wenn das so ist, dann schau hierher!", und er zeigte dabei nachdrücklich auf seine Peitsche. „Ich bin weder deine Mama noch dein Papa! Aber noch ein Mucks, und du wirst meine Peitsche spüren, so wie du es verdienst!"

Ich wollte ihm aber dennoch irgendetwas als Antwort darauf zuschreien.

Als der Zigeuner das merkte, schrie er zornig: „Sei jetzt still, Käferchen!".

Er hob dabei drohend die Peitsche und rollte so böse mit seinen schwarzen Augen, daß ich lieber die Widerworte verschluckte und schwieg.

Jetzt kamen auch die anderen Reiter, die den Wölfen hinterhergejagt waren, zurück. Es war ihnen gelungen, einen zu erschießen. Nun befand sich der Wolf in einem Beutel, der am Steigbügel eines ihrer Pferde hing.

Noch immer verdrehten die Pferde wild die Augen, blickten um sich und schnaubten leise, entweder weil sie so erhitzt vom Lauf waren oder weil sie immer noch den Wolfsgeruch wahrnahmen.

„Mein" Zigeuner warf den anderen in seiner Sprache ein paar Worte zu, legte das Riemenzeug auf das Pferd, sprang gewandt in den Sattel und setzte sich in Bewegung. Mein Pferd führte er neben sich am Zügel. So brachte er mich nach Hause zu meinen Eltern zurück.

Der Zigeuner rettete mich also vor dem schrecklichen Tod, in den mein Vater mich geschickt hatte, um meine Überlebenskraft auf die Probe zu stellen und den Willen des Schicksals herauszufordern.

Offensichtlich war seine Verzweiflung über all die grausamen Heimsuchungen in seinem Leben, deren Ende er nicht absehen konnte, so groß, daß er im krankhaften Wahn seiner ihn umgebenden Wirklichkeit mir lieber den Tod gewünscht hätte, als unter diesen Bedinungen leben zu müssen. Er befürchtete, daß sich sein schreckliches Schicksal in mir wiederholen könnte und konnte keine gute Zukunft erkennen.

Zu Hause war unsere ganze Familie vollzählig versammelt und wartete auf die Rückkehr der Zigeuner. Als sie mich lebendig und unverletzt sahen, gingen alle erleichtert auseinander. Meine Mutter drückte mich laut weinend an sich und war nicht im ⌐tande, ihr krampfhaftes heftiges Schuchzen zu unterdrücken, fast so, als wenn sie mich beerdigen müßte.

Und dann sah ich meinen Vater. Er kam mit ausgebreiteten Armen auf mich zu, um mich an sich zu drücken. Aber das wollte ich auf gar keinen Fall! Mir wurde aus lauter Wut, Verletztsein und Ärger schwarz vor Augen.

Ich riß mich aus der Umarmung meiner Mutter, und wie von Sinnen rannte ich auf ihn zu und schrie ihn an: „Sie waren es, der mich zu den Wölfen geschickt hat! Sie wollten meinen Tod! Für mich sind Sie nicht mehr mein Vater! Wagen Sie ja nicht, mich anzurühren! Kommen Sie mir niemals, hören Sie, niemals mehr nahe! Ich hasse Sie!"

Selbstcharakterisierung

Ich hätte wahrscheinlich noch länger so geschrien, aber meine Mutter, die aus ihrer Benommenheit wieder zu sich gekommen war, ergriff mich plötzlich mit ihren starken Händen, drehte mein Gesicht zu sich und gab mir derart heftige Ohrfeigen, daß ich fast umgefallen wäre. Leise, aber drohend, sagte sie zu mir: „Du bist jetzt ruhig, du...!" Mit diesen Worten schleuderte sie mich in Richtung Haustür. „Geh rein, wasch dich und dann ab ins Bett!". Mit großer Heftigkeit stieß sie mich vorwärts.

Augenblicklich fiel mein Hochmut von mir ab und wie ernüchtert sah ich zu meinem Vater hin. In seinem blassen Gesicht zuckten wie im nervösen Krampf seine Lippen. Seine ganze Gestalt schien in sich gesunken, vor Kraftlosigkeit und Gekränktheit.

Mit Mutter war schlecht scherzen, besonders, wenn es um Vater ging. Mein Verhältnis zu ihr waren eher förmlich, als warm und herzlich. Was meine Erziehung betraf, so machte Mutter ihm oft Vorwürfe, daß er mich verwöhnen würde. Sie ließ es aber dennoch zu. Denn durch meine Anhänglichkeit und Verbundenheit mit ihm, konnte ich Vater mit meinen kindlichen Reden von seinen schweren Erinnerungen und physischen Schmerzen, die schon damals seinen Körper fast zerstört hatten, ablenken.

Mutter fürchtete ich eher, als daß ich sie liebte. Sie war immer perfekt und beherrscht, verlor niemals auch nur eine Minute Zeit. Ihre

Arbeit plante sie stets so, daß sie gleichzeitig auch noch etwas anderes erledigen konnte. Von anderen forderte sie genau die gleiche Konzentration und Disziplin.

War Vater nicht zu Hause, erfüllte ich fleißig alle häuslichen Aufgaben, die mir Mutter gab und deren widerspruchslose Ausführung sie unerbittlich von mir forderte. Oft hatte ich es schwer unter ihrem strengen unduldsamen Blick.

Für Schwäche oder Müdigkeit hatte sie einfach keine Zeit. Wegen der Krankheit unseres Vaters mußte sie oft neben ihrer Hausarbeit auf der Kolchose zusätzlich die Arbeiten im Viehstall erledigen und im Sommer noch im Gemüsegarten. Davon, wie viele Zentner Kartoffeln und Kraut für den langen Winter geerntet werden konnten, hing unser Leben ab. Deshalb wurden Kartoffeln auf einem riesigen Stück Land in der unfruchtbaren kasachischen Steppe angebaut, was natürlich viel Mühe bei der Bearbeitung und Pflege der Felder erforderte.

Nachdem ich also durch den heftigen Stoß meiner Mutter förmlich ins Haus „geflogen" war, schaute ich auf die Uhr, um festzustellen, wieviel Zeit vergangen war. Schnell schöpfte ich Wasser in das kleine, an der Wand neben der Tür hängende Waschbecken, wusch mir Gesicht, Arme und Füße. Dann ging ich sofort ins Schlafzimmer, sprach mein Nachtgebet und vergrub mich tief unter der Zudecke.

Jetzt erst fühlte ich im ganzen Körper einen unglaublichen Schmerz, überall tat er weh, es dröhnte und summte in mir. Aber das berührte mich in diesem Moment weit weniger, als das Schuldgefühl meinem Vater gegenüber.

Wie zur Strafe für meinen törichten Auftritt brach ein Schwall von Erinnerungen in mein Denken ein und bedrängte mich:

Er stand wieder vor meinen Augen, entmutigt durch meinen Angriff, blaß, mit nervös zuckenden Lippen und die Augen voller Tränen.

Wieder fühlte ich mich zurückversetzt in die langen Winternächte in unserer engen Erdhütte, ich sah die fast ganz heruntergeschraubte Petroleumlampe vor mir, die unheimlichen, an den Wänden dahinkriechenden Schatten, quälende Beklemmungen hervorrufend.

Der riesige Strohhaufen neben dem Ofen mit seinem durchdringenden Duft nach warmem, das Leben leichter machendem Sommer und der fröhlichen Erntezeit, alles wurde wach in mir.

Ich spürte wieder die liebevollen Hände meines Vaters, wie er mich fürsorglich in seinen riesigen Pelzmantel einwickelte, sah seine guten Augen, die mir so unermeßlich viel Liebe und seelische Wärme schenkten, hörte seine ruhige ausgeglichene Stimme, die mir Geschichten über das ferne rätselhafte und wundervolle Land erzählte und mich dabei in den Schlaf wiegte.

Vaters Sehnsucht nach Deutschland – dem Land seiner Ahnen, Bilder aus seinen Erinnerungen und Träumen

Der Himmel dieses märchenhaften Landes hing so greifbar nahe über dem Kopf, daß Vater, auf einer hohen Felsspitze stehend, mit seinen Händen das grenzenlose blaue Wunder greifen konnte.

Von hier aus bot sich ihm der Blick über einen entlegenen Gebirgsrücken, der sich wie eine lange und breite, gezackte Kette nach Süden zog. Verzaubert betrachtete er seine stolzen Höhen in ihrer absoluten Einsamkeit. Besonders beeindruckte ihn das rege Leben, das ihn in dieser wilden Natur umgab. Er erinnerte sich:

„Nach einem stürmischen Gewitterguß, wenn die Sonne die vom Regen durchtränkten Berge erwärmte, und die Erde ihre überschüssige Feuchtigkeit verdunstete, dann schien es mir, als ob dieser riesige drohende Koloss zu atmen beginne.

Vor dem Hintergrund der blendenden Bläue des reinen Himmels konnte man sehen, wie Erde am Horizont die überschüssige Nässe zur Sonne zurückschickte. Um den Wassermassen ihren Weg zu erleichtern, zerkleinerte die Sonne sie unterwegs mit feinen, sie verglühenden Strahlen und erzeugte dabei im Luftraum sich drehende Kreise von Wirbelstürmen aus Wasser und Luft. Gierig zog sie dieses brausende durchsichtige Element mit ununterbrochenen wellenförmigen Impulsen zu sich. Es schien, als ob die Berge und die Sonne sich in ungezügelter Leidenschaft einander anzogen, hin und wieder Zwiegespräche führten, voller Emotionen und wildem Temperament.

Aber vielleicht duellierten sie sich emotional in ihrem Eifer und Hoffnung auf Intimität, machten sich Vorwürfe und beschuldigten einander wegen passiven Bestrebens zu leidenschaftlicher Vereinigung oder sogar wegen verräterischer Gleichgültigkeit.

Vielleicht maßen sie eifersüchtig ihre Kräfte und spielten bloß, um sich vor Langeweile einfach die Zeit zu vertreiben.

In solchen Momenten, wenn ich das vor meinen Augen liegende unermeßliche rätselhafte Weltall betrachtete, erfaßte meine Seele ein mythisches Zittern und abergläubige Angst."

Die Natur in ihrer einzigartigen Schönheit beeindruckte die Phantasie meines Vaters und gleichzeitig beängstigte sie ihn durch ihre ungezügelte Kraft und Mächtigkeit:

„Aber weiter unten, auf allen Seiten von den steinernen Riesen umgeben, lag wie auf einem Handteller, eine kleine grüne Hochebene.

Ein langes blaues Band, der schnell dahinströmende Bergbach, teilte sie in zwei Hälften. Seinen Anfang nahm er in den Bergen als Quellen kleiner plätschernder Bäche, die, sich gegenseitig Kunde voneinander gebend, eilig zueinander hasteten, um dann zu einem bezaubernden, in den Tagen der Unwetter aber auch schrecklichem Element zusammenzufließen.

Nach solchen Unwettern mußte man einfach einmal gesehen haben, mit welcher Wut der Bach dann in wilder Bosheit über die großen Steine sprang, die sich auf seinem Weg befanden.

In ruhigen Tagen spielte er jedoch gleichsam mit ihnen: Er glättete und polierte sie, meisselte sich zum Spaß Skulpturen von unbeschreiblicher Schönheit und Form. Dabei lächelte er über deren angebliche aufgeblasene Unbezwingbarkeit und Festigkeit verschmitzt vor sich hin.

Kletterte ich höher auf die steilen Felsen der uns umgebenden Berggipfel, streckte ich in den himmelblauen Raum die Arme, umarmte die über und auf mir schwimmende Herde weißer warmer Wolken, tauchte in sie ein wie in Milchschaum.

Rasch kamen sie auf mich zugeschwommen, hüllten mich in dicken warmen Nebel, durchdrangen meinen Körper mit dem Geschmack nach dem himmlischen Element und zogen vorbei, ganz langsam, schwer sich hinwälzend und zusammenballend. Zurück ließen sie mir den geheimnisvollen Geruch des grenzenlosen Himmels und den undefinierbaren eines heranziehenden Gewitters, etwas süßlich nach Grauen und Angst riechend. Sobald sich weiße Wolkenfetzen an den Berggipfeln festklammerten und sich zu dunklen lilafarbenen Wolken verdichteten, suchten wir Schutz unter dem Überhang irgendeines riesigen Felsens, um dort das aufziehende Gewitter zu überstehen."

Nach den bruchstückhafen Erinnerungen, die mir Vater erzählte, konnte ich feststellen, wie tief er von diesen einzigartigen Episoden erschüttert war und wie sehr sie sich in sein Gedächtnis eingeprägt hatten.

„Plötzlich zog unglaublich dicker Nebel auf. Es war, als ob der Tag verlöscht sei und die Nacht sich als dunkle undurchdringliche Decke über die Berge herabließe. Zuerst sah man, wie die Blitze zaghaft begannen, auf den Gipfelhöhen ihre Teufelstänze mit dünnen Feuerpeitschen zu tanzen.

Dann ertönte von fern zaghaft das erste kaum hörbare Donnergrollen. Das Bergecho griff es auf, warf es mehrfach von einer Seite zur anderen, trieb es durch die Schlucht. Und schon fielen die ersten schweren Regentropfen auf die Felsen der Berge, wobei sie in der trockenen drückend–schwülen Luft verdunsteten.

Plötzlich „explodierten" förmlich grelle, feurig-schneidende Blitze, begleitet von unheimlichem Donnerrollen, das dann zu einem lauten Donnerschlag in verschiedenen Tonhöhen überging. Die feurigen Bänder flimmerten vor den Augen wie rasende, wütende Schlangen, wobei sie drohten, sich mit ihren tödlichen Zähnen in ihrem Opfer zu verbeißen. Man hatte das Gefühl, als ob die überhängende Felswand sofort in heller Erbitterung einstürzen und einen selbst und alles Lebende unter sich begraben würde.

Der Mensch erscheint in diesen Momenten wie ein kleines zitterndes Etwas in dem riesigen Ozean der ungezügelten Naturgewalten.

Zum Glück dauerte ein Gewitter in den Bergen nicht lange. So plötzlich wie es aufgezogen war, so unerwartet schnell war es auch wieder vorbei. Die Sonne brauchte nur ein ganz kleines Zipfelchen ihres goldenen Strahls durch die dunkelblauen Wolken zu schieben und fast panikartig schwammen sie herbei, überholten einander und wandten sich zur Flucht, hinter sich eine riesige Regenwand herziehend."

War das Gewitter vorbeigezogen, dann strahlte der reingewaschene Himmel so rührend zärtlich in seinem Blau, daß Vater und Großvater ihn stundenlang ansehen konnten und sich an seiner unermeßlichen unberührten himmelblauen natürlichen Reinheit erfreuten.

„Plötzlich flog vom benachbarten Felsen ein Falke in den Himmel, schwer mit seinen riesigen Flügeln schlagend. Er gewann schnell an Höhe und flog direkt in die Sonne, verdeckte sie, blieb eine Zeitlang in der Luft stehen, schwebte im grenzenlosen blauen Raum und suchte sich mit scharfen Augen eine Beute. Da, wo er abgeflogen war, konnten wir Falkennester ausmachen. Vater machte sich in einem Notizbuch ein paar Aufzeichnungen und lehrte mich, die Nester nach denselben wiederzufinden.

Eine echte Zirkusvorstellung boten die Bergziegen, aufgescheucht durch einen unerwarteten Schuß. Vor dem klaren Hintergrund konnte man auf den hohen Felsen deutlich die Silhouetten dieser einsamen Bergschönheiten sehen.

Die großen gebogenen Hörner betonten noch ihre beeindruckende Statur, wenn sie unbeweglich in ihrer stolzen Einsamkeit wie Standbilder erstarrt dastanden.

Ertönte ein Schuß, katapultierten sie sich förmlich von ihrem Standplatz los, übersprangen behend einen Felsen nach dem anderen und rissen dadurch Steine los, die in den bodenlosen Abgrund hagelten.

Der dadurch hervorgerufene Lärm wurde von den Bergen mit einem vielfachen, unheimlichen Echo beantwortet.

Wie von Sinnen rasten die Ziegen dann in die Höhe. Immer höher und höher, hinauf auf die spitzesten Felsgipfel, unzugänglich für den Fuß eines Menschen, um dort Ruhe und Einsamkeit zu finden.

Vor der Dämmerung stiegen wir herunter in die unbeschreibliche Schönheit des Tales.

An die sanft geneigten Abhänge schmiegten sich hier und dort, fast wie angeklebt, aufwendig und sorgfältig gebaute Holzhäuschen. Ihre vielen Balkone, Terrassen und kleinen Fenster waren umrankt von grünen Girlanden und buchstäblich versunken in der großen Zahl verschiedenartiger Blüten. Die Pflanzen waren geschmackvoll ausgewählt und sehr gut gepflegt.

Auf dem Weg nach unten gingen wir über schmale Bergpfade, auf denen uns an manchen Stellen Spalten und Risse den Weg versperrten. Vater sprang spielend leicht und gewandt über sie hinweg und half mir, sie zu überqueren.

Dort, wo der enge Pfad sich wie eine Schlange am Rand des bodenlosen dunkeln Abgrunds wandte, nahm Vater mich an die Hand und ich ging hinter ihm, genau in seine Fußstapfen tretend. So überwandten wir die gefährlichen Stellen am Berg.

Hier stockte einem der Atem, denn hier erlebte man sowohl das waghalsige Risiko als auch die befriedigte Selbstbestätigung.

Diese scharfen und gleichzeitig die Phantasie anregenden Kontraste prägten sich tief in die Erinnerung ein: Über dir die Felswand, die den blauen Himmel abstützt, aber unter dir der bodenlose schwarze, stockfinstere Abgrund, bedeckt von graublauem Nebel. Und was ist dort unten, unter dem Nebel? Welche Höllenkräfte verbergen sich in den unterirdischen Gängen? Was geht dort vor?

Wenn an diesen Stellen ein unerfahrener Wanderer bloß strauchelt, verschlingt ihn das dunkle Loch auf der Stelle mit triumphierendem dumpfen Gepolter.

Es ist, als ob die Gebirgsketten ihre Geschöpfe bewachten. Hier wird das schwächste Geräusch aufgegriffen: vom Echo wird es in den unterschiedlichsten Tönen von einem Hohlweg in den anderen getragen, so lange bis es in der absoluten Stille einer der entferntesten Schluchten verklungen ist. Aufmerksam sind die Bergrücken, wie ein wachsamer Spähtrupp hüten sie ihren Besitz, sich gegenseitig Signale bei möglicher Gefahr gebend.

Vor diesen Giganten wurde mein Herz von einem abergläubischen Zittern ergriffen. Es war so ein Empfinden, als ob unter den Füßen eine lebende feurige Seele lebte und pulsierte.

Im Tal angekommen, suchten wir uns auf den riesigen Steinen inmitten des eilig dahinfließenden Bergbachs einen bequemen Platz aus. Dort konnten wir so bis zum Einbruch der Dunkelheit sitzen, hörten dem fröhlichen, immerwährenden Murmeln des Baches zu, beobachteten das Spiel der Fische in seinem spiegelnden, reinen Wasser und belauschten das Leben rings um uns.

Plötzlich hörten wir ganz in der Nähe Zweige knacken. Und schon kam aus dem dichten Wald, majestätisch sich von einer Seite zur anderen wiegend, gemäßigten Schrittes eine riesige Braunbärin mit ihren ausgelassenen wilden Jungen. Vor unseren Augen tollten die Kleinen herum, schlugen Purzelbäume und neckten einander wie kleine Kinder. Die Bärenmutter führte ihre Jungen zum dahinjagenden Bergbach und wollte, daß sie ihr an das andere Ufer folgten. Aber ihre Bemühungen waren vergebens. Kaum berührten die kleinen Bären mit den Vorderpfoten die schnelle Strömung, als sie diese auch schon wieder erschrocken zurückzogen, um sofort ängstlich das Wasser von sich abzuschütteln. Weil die Bärenmutter so keinen Erfolg hatte, trottete sie mit ihren unvernünftigen Kleinen in den Wald zurück. Dort verschwanden sie im undurchdring- lich dichten Walddickicht ebenso schnell, wie sie daraus aufgetaucht waren.

Manchmal trat auf eine Waldlichtung vorsichtig eine wachsame Hirschkuh heraus, aufmerksam ihre Umgebung betrachtend. Hatte sie sich davon überzeugt, daß hier keine Gefahr lauerte, sprang sie aus dem Wald mit elastischen, federleichten Sprüngen auf die Lichtung. Sie lief zum Wasser, stillte gierig ihren Durst, wobei sie aufmerksam ihre scharfen Ohren spitzte, um beim kleinsten Geräusch wieder blitzartig im Wald unterzutauchen.

Hier in der unberührten Reinheit des Waldes, wo der Mensch eins mit der Natur ist, erzählte mir Vater von seinen Bewohnern Legenden, die von Mund zu Mund weitergegeben wurden, von einer Generation zur anderen.

Eine dieser Legenden behauptete, daß zu einer bestimmten Zeit, die niemand im voraus wissen konnte, der König der Hirsche für einen kurzen Augenblick auf die Erde komme und den Erdenmenschen erlaube, ihn mit eigenen Augen in seiner ganzen Größe und Herrlichkeit zu sehen. Wem es vergönnt war, diesen Moment zu erhaschen, dem war dann für sein weiteres Leben Glück bei allem, was er tat, beschieden.

Oftmals, in den ganz frühen Morgenstunden, wenn die aufgehende Sonne gerade mit den goldenen Spitzen ihrer blendend klaren Strahlen die Höhe des gegenüberliegenden Berges beleuchtete, weckte mich mein Vater und sagte*: (hier spricht der Großvater zum Vater)

"Johann, es ist Zeit zum Aufstehen! Sieh nur den Berg gegenüber, noch verbirgt er unser Tal vor der Sonne. Nur helle pulsierende Strahlen funkeln eben auf der Berghöhe. In dieser frühen Morgenstunde begrüßt der heilige Hirsch den Sonnenaufgang. Sieh zu, daß du schnell fertig wirst. Vielleicht haben wir Glück und sehen ihn oder wenigstens seinen Schatten im frühen Morgenrot noch vor Tagesanbruch."

Die längst vergangenen Kindheitsereignisse an diesen Orten fesselten offensichtlich meinen Vater sehr. Sie machten sein ganzes Wesen übervoll mit hellen Erinnerungen, an denen er sich festklammerte, wie an einen einzigen hellen Strahl im dunkeln Reich des Bösen und der Gewalt, zu deren Fraß ihn sein unbarmherzig hartes Schicksal hingeworfen hatte.

Nach solchen Erzählungen versagte dann dem Vater allmählich die Stimme. Sein hervortretender großer Adamsapfel im abgemagerten Hals bewegte sich schnell nach oben und unten. In seiner Kehle begann der angesammelte Speichel laut zu brodeln. Geräuschvoll schluckte er ihn herunter. Auf mein Gesicht tropften Tränen. Vater verstummte, ich schmiegte mich fester an ihn und wurde immer ruhiger.

Nach einer gewissen Zeit, wie wenn er sich plötzlich besinnen würde, erhob er sich ganz vorsichtig, trug mich in mein Bett, deckte mich fürsorglich mit der Decke zu und ging mit leisen vorsichtigen Schritten rückwärts aus dem Zimmer.

Rückschauend auf diese Erinnerungen möchte ich annehmen, daß die Vorfahren meines Vaters aus Süddeutschland stammen. Die von ihm beschriebene Landschaft hatte er gelegentlich lange vor meiner Zeit aufgesucht.

* * *

Wie sehr ich mir auch Mühe gab, konnte ich mich von diesen Erinnerungen nicht frei machen. Aufdringlich kehrten sie in mein Gedächtnis zurück, beunruhigten meine Gefühle.

Entweder kam es durch die Müdigkeit und den überstandenen Schreck, oder vom quälenden Schmerz in meinem Körper, vielleicht aber auch vom Schuldgefühl meinem Vater gegenüber, jedenfalls brach ich plötzlich heftig in Tränen aus. Zuerst war es noch ein stilles trauriges Schluchzen, das dann aber plötzlich in einen so unhaltbaren Tränenausbruch überging, daß mein kleiner Körper nicht genug Kraft hatte, ihn zu stoppen. Gegen meinem Willen erbebte alles in mir vor lautem Schluchzen, und ich war einfach nicht in der Lage, mich zu beruhigen.

„Warum ist das Zusammenleben der Menschen so kompliziert? Was hindert sie daran, in ihren Taten und in ihrem Handeln einfacher, verständlicher, ehrlicher zu sein? Warum regiert die Lüge in den menschlichen Beziehungen, dabei nur Not und Elend hervorrufend? Warum schafft man für die Lüge solche Bedingungen, daß sie ungehindert mit giftiger Bosheit in das Wesen des Menschens eindringen kann, um sich dann immerfort wie ein abscheuliches Etwas durch sein ganzes Leben zu ziehen? Warum können Menschen nicht ohne die Lüge leben?

Voller Bitterkeit drehte sich in meinem völlig überreiztem Kopf immer wieder alles um diese Fragen.

Plötzlich legte sich auf meine Zudecke eine große Hand, schwer wie ein Eisen und doch ganz sanft und leicht. Diese ruhige, fürsorgliche Berührung ließ mich erzittern.

Ich wußte, es war mein Vater. Nur er konnte so fürsorglich seine Hände auf meine Decke legen. Damit nicht noch einmal meine Emotionen aus mir hervorbrachen, zog ich intuitiv die Decke weiter über meinen Kopf und vergrub mich noch tiefer im Bett, um so zu zeigen, daß ich in Ruhe gelassen werden wollte.

Die Hand strich mir einige Zeit beruhigend über Kopf und Schultern, schob mir sorgsam die Decke an die Beine und an die Füße und mein Bett näher zum Ofen. Dann vernahm ich entfernende Schritte. Ich wurde ganz still, fürchtete mich zu rühren. „Er soll weggehen!", betete ich."Wenn er bloß nicht mit mir spricht! Wie soll ich mich jetzt verhalten, wie kann die frühere Harmonie in unserer Beziehung wieder zurückgeholt werden?"

Das waren Fragen, zu deren Beantwortung ich nicht die Kraft hatte.

In meinem Inneren war noch der Hoffnungsstrahl, daß sich alles einrenken möge, und ich wünschte es sehr. Mein Verstand aber sagte mir etwas vollkommen anderes. Es war mir absolut klar, daß mein früheres Vertrauen zu meinem Vater niemals mehr zu mir zurückkehren würde. Das Eis des Nichtverstehens und der Entfremdung hatte sich zwischen mich und meinem Vater, so wie er heute war, geschoben.

Ich denke, daß diese ewige Frage, die unablässig meine verletzte kindliche Seele quälte und peinigte, warum der mich grenzenlos liebende Vater sich stets so mitleidlos und hart in seinen Handlungen mir gegenüber verhielt.

Nach ungezählten Versuchen, eine Antwort darauf zu finden, hatte diese unbeantwortete Frage in mir zu einem Gefühl der absoluten Entfremdung meinem Vater gegenüber geführt.

Das Krankenhaus, Fieberträume

Als ich merkte, daß mein Vater vorsichtig die Küchentür hinter sich geschlossen hatte, atmete ich erleichtert auf und beschloß mich noch einmal davon zu überzeugen, daß ich jetzt meine Ruhe haben würde.

Ich versuchte, meinen Arm zu heben um die Decke zurückzuschlagen und mich etwas aufzurichten, da durchzuckte meinen Körper plötzlich ein stechender Schmerz.

Erst jetzt bemerkte ich, daß meine Lippen durch die Hitze in mir wie ausgetrocknet waren. Ich wollte trinken, aber in meiner Nähe war niemand mehr. Mein Kopf fiel kraftlos zurück auf das Kissen. Vielleicht waren es die Geschehnisse des Tages oder auch die maßlose Müdigkeit und die Schmerzen im ganzen Körper – ich schloß meine Augenlider, die sich plötzlich anfühlten wie aus Blei.

Mein Bett und das ganze Zimmer um mich herum fingen an zu schwimmen und zu schaukeln. Sie drehten sich in den Strudeln riesiger Wellen, die um mich herum tosten.

Erschrocken versuchte ich meine Augen zu öffnen und zu schreien, aber ich konnte meine Stimme nicht hören. Eine riesige blaue Welle kam mit ihrer ganzen Wucht auf mich zu, zog mich in ihre Mitte, umklammerte mich mit ihren langen Gischtarmen. Ich riß meinen Mund weit auf, um zu schreien, konnte aber meinen Schrei nicht hören. Eine unsehbare Kraft zog mich in einen drehenden Strudel hinein und löste mich in ihm auf, um eins mit ihm zu werden.

Von Zeit zu Zeit drangen dumpfe, ferne Stimmen an mein Ohr. Wie im Nebel zogen dann verschwommene Gesichter an mir vorbei. Danach war wieder alles weg.

Ich schwebte als Vogel irgendwo hoch im Himmel zwischen weißen, leichten Wolken, die ich langsam überholte, bevor ich gegen meinen Willen begann, in das gleißende, heiße Licht der Sonne aufzusteigen. Als die Sonnenstrahlen wie heiße Nadeln schmerzhaft in mich eindrangen, schrie ich.

Wie auf mein Rufen hin kam ein Schimmel herbeigeflogen, fing mich auf und brachte mich

auf seinem Rücken zurück zur Erde in die dunkle, eiskalte Nacht. In der Dunkelheit sah ich überall um mich herum glühende Augen von Wölfen. Sie glühten paarweise, wie schreckliche Brandpfeile, die mit ihren schaurigen silbrig-grünen Strahlen die Nacht zerteilen.

Riesige Schatten der Wölfe umrangen mich von allen Seiten. In wilder Wut fletschten sie ihre Zähne. Sie langten nach mir mit ihren großen zottigen Pfoten, aus denen lange hakenartige Krallen starrten, die sie in mich schlugen um mich vom Pferd zu reißen. Laut schrie ich um Hilfe.

Dann erblickte ich plötzlich weit oben im Nachthimmel eine helle, leuchtende Wolke, die sich allmählich in die Gestalt meines Vater verwandelte. Er streckte die Hände nach mir aus, um mich aus den Fängen der Wölfe zu befreien. Doch dann umringte ihn eine Windbö und trug ihn fort in den klaren Sternenhimmel. Das Bild meines Vaters löste sich auf und wurde zu einem leuchtenden Stern, dessen Strahlen mir in der stockfinsteren Nacht den Weg wiesen.

Ich stand allein in dieser Finsternis auf einer großen Straße. Soweit meine Augen blicken konnten, umschlichen mich Wolfsrudel. Die Tiere bleckten wütend ihre scharfen, blutigen Zähne. Starr vor Angst flehte ich meinen Vater an zurückzukehren.

Der leuchtende Stern, in den das Bild meines Vaters sich auflöste, wurde plötzlich zu einem forschenden, brennenden menschlichen Blick. Wie zwei gleißend helle Stäbe begannen sie Feuerblitze zu schleudern, welche die nächtliche Finsternis zerschnitten.

Immer noch von allen Seiten von Wölfen umzingelt, stand ich im Kreuzfeuer dieser Blitze.

Lansam begannen die Strahlen sich einander zu nähern, bis sie zu einem geraden, langen und leuchtend blauen Strahl verschmolzen. Mit seiner Spitze zielte er vor meine Füße und begann um mich herum eine kreisförmige Feuerlinie in die Erde zu ziehen. Er wurde immer breiter und wölbte sich um mich wie ein silbrig blauer Schild. In Bruchteilen von Sekunden entstand eine lebende, atmende, durchsichtige Wand, die mich mit Wärme und Licht einhüllte.

Mich ergriff ein Gefühl, als ob ich mich wieder an die Brust meines Vaters gekuschelt hätte. Er hüllte mich liebevoll in seinen langen Pelzmantel und strahlte alle Energie und Wärme auf mich aus, die ihm verblieben war.

Mit wildem Geknurr und unbändiger Wut warfen sich die Wölfe auf diese Wand und verbissen sich in ihr mit ihren langen scharfen Zähnen. Plötzlich begann die Wand zu brennen. Das Feuer sprang auf die Wölfe über und die züngelnden Flammen frassen sich in die Bestien. Das Feuer wurde größer und größer. In dem lodernden Feuer wanden sich die Wölfe wie Schlangen, und wie Feuersäulen reckten sie ihre knurrenden Schnauzen in die Höhe in dem Versuch, den Flammen zu entkommen. Aber alle Versuche waren vergebens. Das Feuer fraß sich an ihnen nach oben, bis es sie ganz verdeckte.

Entkräftet fielen sie zu Boden auf die anderen Wölfe, flossen in feurigen, breiter werdenden Bächen auseinander, die alles und jeden mit ihren Flammen verschlangen.

Ich stand in der dunklen Nacht mitten in diesem Flammenmeer. Langsam begann es sich aufzulösen und rotgolden zu verglühen. Dann blies es sich auf, wurde zu einem riesigen Feuerball und flog nach oben in den Himmel. Von dort hörte ich die Stimme meines Vaters, die dumpf zu mir herangetragen wurde, als ob die Erde selbst zu mir spräche: "Geh-eh-eh...!" und dann noch einmal "Geh-eh-eh...!"

Ich sah mich um. Ich stand auf der Spitze eines riesigen Berges, und um mich herum war nur tiefer, dunkler Wald, der mir Angst machte.

‚Wo soll ich denn hingehen, wenn ich von dichtem Wald umgeben bin?' – dachte ich.

Wie eine Antwort auf meine Frage begannen die riesigen Stämme der Bäume zu schwanken und auseinanderzuweichen. Die aus dicken Wurzeln wachsenden plumpen Holzfüße fingen an, sich schwerfällig zu heben und zu bewegen und mir den Weg durch das Dickicht freizumachen.

Es dauerte nur wenige Minuten, und vor mir erstreckte sich wie ein gerades Band ein Weg durch den Wald zur Sonne.

Verzaubert durch diesen unglaublichen Anblick stand ich wie angewurzelt, die Augen weit aufgerissen, und hatte Angst mich zu bewegen. Da beugte eine große Kiefer neben mir ihren Wipfel zu mir herab, reckte mir zärtlich rauschend ihre Zweige zu, als ob sie mir etwas zumurmeln wollte, und stupste mich leicht in den Rücken. Meine Füße waren schwer und gehorchten mir nicht. Furchtsam begann ich sie zu bewegen. Dumpf raunend machten die Bäume mir Mut auf meinem Weg, senkten sich zu mir herab, um mich vorwärts zu schubsen und zu stützen und so trugen sie mich buchstäblich auf ihren Zweigen zum Licht.

Ich bewegte mich und öfnete schwer meine Augen. Eine unbekannte weiße Gestalt beugte sich über mich und schaute mich besorgt an. Ihre Lippen bewegten sich. Von allen Seiten kamen Menschen an mein Bett. Irgendwo hatte ich sie schon einmal gesehen. Wer waren sie? Träumte ich oder wachte ich? Ich schaute mich um. Neben meinem Bett stand ein zweites Bett, weiter zum Fenster hin noch eins. Die Menschen, die darin lagen, kannte ich nicht. "Wo bin ich?" – schwach kamen diese Worte von meinen Lippen und ich schaute auf die mir unbekannten Gesichter. Dann spürte ich, wie jemand meine Hand drückte, sie gegen etwas Nasses legte. Mein Blick richtete sich auf meine Hand, glitt an ihr empor. Ich sah ein bekanntes Gesicht, weinende Augen und hörte eine Stimme: "Ich bin deine Mama, erkennst Du mich denn nicht?"

"Mama", – wiederholte ich dumpf und monoton.

Plötzlich spürte ich einen Schmerz in meiner Hand.

Meine Mutter, die meine Hände die ganze Zeit über gestreichelt hatte, drückte sie jetzt schmerzhaft. Es kam so unerwartet, daß ich aufschrie und stöhnte. Gleichzeitig erschienen in meinem Bewußtsein explosionsartig die Bilder und Gesichter wieder. Ich schaute erneut auf meine Mutter. Das Leben hat mich wieder – glückliche Tränen kullerten über meine Wangen.

"Mama!" – flüsterte ich dankbar.

Die großen, schönen dunkelgrauen Augen meiner Mutter, die gerade noch hilflos und erschrocken schauten, blitzten vor Glück auf.

Sie umarmte mich mit ihren starken Händen, drückte mich fest an sich und flüsterte:
"Ich danke dir, Gott, daß du meine Gebete erhört hast. Jetzt wird alles gut! Jetzt fahren wir nach Hause und du wirst bald wieder gesund. Ich werde bei dir sitzen, solange du willst."

Die letzten Worte machten mich stutzig und auch ein wenig betroffen, denn Mutter hatte nie Zeit für Gespräche mit mir. Diese Rolle übernahm mein Vater.

"Wo sind wir und wo ist Vater?" – fragte ich leise.

"Du bist in einem Krankenhaus," – kam die liebevolle Antwort. "Und Vater ist auch im Krankenhaus. Er ist sehr krank. Vater ist bei Johannes in Pawlodar. Aber darüber sprechen wir später, wenn wir zu hause sind. Du mußt erst einmal wieder zu Kräften kommen und gesund werden! Du darfst jetzt auch nicht viel reden. Die Ärzte sind hier sehr streng. Wenn wir zuviel reden, kann es passieren, daß sie mich aus dem Krankenzimmer schicken und dann bist du hier allein, verstehst du?" Mutter lächelte vielsagend. Ich nahm ihre Worte als Warnung, und da ich überhaupt nicht wollte, daß sie das Krankenzimmer verläßt, nickte ich nur zur Antwort um zu zeigen, daß ich einverstanden war.

Ich sah mich weiter im Zimmer um und bemerkte, daß meine Mutter auf einer kleinen Liege saß, die links neben mir an der Wand aufgestellt worden war. Insgesamt standen 3 Betten im Zimmer. Auf der Liege befanden sich Mutters persönliche Dinge, und aus einem kleinen Körbchen schauten ein Teil eines Pullovers und Stricknadeln hervor. Daneben lagen 2 Knäuel Wolle. Mutter selbst war dabei, von Hand eine rosafarbene Bluse für irgend jemanden zu nähen. Wenn für Mutter neben meinem Bett eine Liege aufgestellt worden war, dann saß sie also nicht den ersten Tag neben mir, dachte ich. Nur in sehr schwierigen Fällen bekam man die Erlaubnis dazu. ‚Wie lange bin ich denn schon hier?' – diese Frage drehte sich in meinem Kopf.

Ich wollte sie gerade stellen, als die Tür aufging und eine junge Krankenschwester mit einem fröhlichen Gesichtchen hereingeflattert kam.

Mutter winkte sie zu sich heran, nahm Maß für die rosa Bluse, sagte ihr irgend etwas, steckte mit kleinen Nädelchen die Seitennähte ab und legte die Bluse dann zur Seite.

Dann kamen beide zu mir. Die Schwester lächelte mich an und sagte:
"Na, Valentina, soll ich dir eine Spritze geben?"
Ich sah fragend meine Mutter an.
"Wenn es sein muß, dann ja", – antwortete Mutter für mich, hob meine Decke von einer Seite an und versuchte, mich auf die Seite zu drehen. Es tat sehr weh und ich schrie auf.
"Jetzt wird es gleich ein wenig weh tun, da mußt du tapfer sein. Wer kann schon behaupten, einem Rudel Wölfe entkommen zu sein! Sicherlich bist du unter einem Glücksstern geboren. Und wenn du schön brav bist, wirst du in zwei, drei Tagen schon zu Hause sein", – nachsichtig redete die Schwester mir zu. "Und jetzt zeig mal deinen Popo."

Sie entfernte die alten Binden, die um den unteren Teil meines Körpers gewickelt waren und legte mir einen neuen Verband an. Danach pickte sie mir eine riesige Nadel in den Po, wischte mit einem in Spiritus getränkten Wattebausch nach, drückte fest mit dem Finger drauf, gab mir spielerisch einen Klaps und wandte sich darauf zum nächsten Patienten.

Am nächsten Morgen nach dem Frühstück, das ich schon ganz allein bewerkstelligen konnte, sagte meine Mutter zu mir: "Du bist ja jetzt Gott sei Dank schon auf dem Weg der Besserung. Bei Vater dagegen sieht es schlimm aus. Ich muß zu ihm. Nach Pawlodar ist es ein weiter Weg, es wird viel Zeit vergehen. Ich denke, du kommst jetzt ohne mich zurecht. In der Zwischenzeit fahre ich zu Vater nach Pawlodar. Er wird sich freuen. Und in drei Tagen bin ich wieder hier. Dann hole ich dich ab und wir fahren gemeinsam nach Hause. Solange ich weg bin, wird Wolodja täglich nach der Arbeit vorbeikommen. Du weißt ja, daß er hier wohnt."

Mir gefiel es nicht besonders, daß Mutter mich alleine zurücklassen wollte, aber der Gedanke daran, daß Vater wie ich Unterstützung brauchte, überzeugte mich sofort.

Unser Spaßvogel Wolodja

Wolodja war einer meiner älteren Brüder väterlicherseits. Er wurde 1928 geboren. Gleich nach ihm kam Paul.

Wolodja war ein Spaßvogel und Spinner und stand immer und überall im Mittelpunkt. Er konnte ganz gut Ziehharmonika spielen und war deswegen überall ein gern gesehener Gast. Keine Hochzeit im Dorf fand ohne ihn statt: Am ersten Tag brachte er Trinksprüche aus, gab Witze zum besten, beglückwünschte die Jungvermählten in einer Art, daß den Gästen vor Lachen die Tränen in die Augen stiegen. Außerdem tanzte er wie der Teufel. Am zweiten Tag der Hochzeit verkleidete er sich als Braut, setzte sich mit einem Freund auf die Stühle der Jungvermählten und brachte eine solche Vorstellung, daß man darüber Braut und Bräutigam vergaß.

Sein Gesicht hatte etwas sehr Anziehendes und Nettes. In seinen Augen blitzte der Schalk, so daß man, ob man wollte oder nicht, sofort in bessere Stimmung kam.

Wenn er die Braut parodierte – mit dick bemalten Lippen, einer schicken Perücke und Brautschleier auf dem Kopf, einem dekolletierten Kleid und falschen Brüsten – wenn er Grimassen schnitt, mit schmachtenden unschuldigen Augenaufschlag Küßchen und Umarmungen verteilte, dann hielten sich die Gäste die Bäuche vor Lachen. Sie liefen an die frische Luft, um wieder zu Atem zu kommen, denn sie konnten nicht aufhören zu lachen.

Anders als meine anderen Brüder, die sich alle eine Frau aus unserem Dorf genommen hatten, entschied er sich, eine "Fremde" zu heiraten – ein Mädchen aus dem Nachbardorf.

Vater war strikt gegen diese Hochzeit. Er drohte Wolodja sogar, ihm seinen Segen zu verweigern. Außerdem verbat er Wolodja, sie in das väterliche Haus mitzubringen.

Trotz allem verließ Wolodja gegen Vaters Willen das Haus und heiratete das Mädchen. Er begründete dies damit, daß sie von ihm ein Kind erwarte.

Ich habe seine Frau nie gesehen, aber die Leute erzählten, sie wäre sehr schön.

Wenn im Kreise junger Burschen das Gespräch auf sie kam, wurden sie gleich alle irgendwie munterer, und auf ihren Gesichtern erschien ein wollüstiges Grinsen. Sie fingen an, komisch auf ihren Stühlen zu rutschen und sich die Hände zu reiben, ihre Gespräche wurden ungehemmt und frech. Ich konnte z.B. kurze Sätze aufschnappen, wie: ‚Das Gesichtchen ist ja hübsch, aber vorne ist sie etwas flach!', oder ‚Jaaa, die würde ich auch mal', oder ‚Wolodja ist ja dämlich, dieses Weib zu heiraten.'

Dann bekam ich immer eine Riesenwut. Wie ein Wolfsjunges warf ich mich auf die Spötter um mich mit ihnen zu raufen, oder ich fing an, sie zu beschimpfen.

Ich weiß noch, wie ich einmal zu einer Klassenkameradin ging, um mit ihr gemeinsam Mathematik zu üben. Sie hatte einen Bruder, der ungefähr vier Jahre älter war als ich. Er hatte an dem Tag auch zwei Freunde zu Besuch, die auch nicht viel älter waren. Kurz gesagt, es waren noch totale Grünschnäbel. Als sie mich sahen, erkundigten sie sich gleich nach Wolodja. Sie würden ihn gut kennen und wüßten, wie er jetzt lebe. Ich wurde sofort mißtrauisch und setzte eine herausfordernde Miene auf.

"Wenn dich das interessiert, dann geh doch hin und frage ihn selber!" antwortete ich keck.

Meine Freundin und ich setzten uns hin, um Hausaufgaben zu machen. Wie ich vermutet hatte, begannen die drei Jungs über Wolodjas Frau zu reden. Obwohl sie nichts Schlechtes über sie sagten, mißfiel mir das Lachen des Jungen, der sich nach Wolodja erkundigt hatte. Ich packte meine Hefte zusammen, ging ruhig zu ihm hinüber und sagte:

"Hör mal. Deine Schwester war gestern bei uns zu Hause. Weißt du, was sie mir erzählt hat?"

Er hörte auf zu lachen und fragt mich verwundert: "Was hat sie dir denn erzählt?"

"Sie hat sich beschwert, daß du immer noch ins Bett machst und daß deine Mutter wegen dir jeden Tag Laken waschen und die Matratze trocknen muß."

Vor Verblüffung und Ärger hatte er keine Antwort parat. Dann fing er an zu stottern und zu schreien, daß das nicht wahr sei. Ich jedoch ging ruhig zurück zum Tisch, nahm meine Hefte und sagte zu meiner Freundin:

"Wenn dieser Spinner weiter zu euch kommen darf, kündige ich dir meine Freundschaft auf." Dann drehte ich mich um und verließ das Haus.

Damals wußte ich noch nicht, welch ein schlechten Dienst ich diesem jungen Burschen im Dorf erwiesen hatte. Das Gerücht darüber, daß er ein Bettnässer sei, machte im Nu die Runde im Dorf.

Die Mädchen begannen einen Bogen um ihn zu machen, drehten sich weg und kicherten, wenn sie ihn sahen. Seine Mutter beschwerte sich bei meinem Vater über mich. Aber niemand konnte mich dazu bringen einzugestehen, daß ich geschwindelt hatte.

Innerlich jubelte ich, daß ich es ihm für meinen Bruder heimgezahlt hatte.

Die frechen Anspielungen über seine Frau wurden im Dorf langsam immer seltener.

Wenn an den Abenden die verwitweten Frauen aus dem Dorf zu uns kamen, um bei ihrer Strickarbeit etwas zu schwatzen, zogen sie mich gern dafür auf. ‚Sie ist zwar klein, aber oho. Hat diese schamlosen Kerle zurechtgewiesen. Richtig so.'

Als einer meiner Brüder Wolodja davon erzählte, kam Wolodja, als Vater nicht zu Hause war, eigens zu uns gefahren, umfaßte mich mit beiden Armen und wirbelte mich durchs Zimmer. Ich war richtig erschrocken, dachte, was ist denn in den gefahren? Aber er ließ nicht locker, knuddelte und küßte mich und wiederholte ständig: "Ich hab da vielleicht ein Schwesterchen, so ein prima Mädel. Dafür könnte ich dich stundenlang abküssen, du kleine Schnecke..." Dann holte er eine Tafel Schokolade hervor und gab sie mir mit den Worten: "Hier, für dich ein Geschenk von mir persönlich."

Als ich endlich begriffen hatte, warum er mich so bedachte, war ich sogar beleidigt und antwortete: "Das habe ich aber nicht wegen der Schokolade gesagt, sondern weil die so einen Blödsinn geredet haben."

"In Ordnung, Schneckchen, ist ja auch egal. Hast du jedenfalls prima gemacht! Ich werde mit dem dreisten Kerl auch noch selber reden."

In unserer Familie warteten alle sehnsüchtig auf die Geburt des Kindes. Wir hofften, daß dann auch Vater seinem Herzen einen Stoß geben würde und er Wolodja seine Eigenwilligung zu seiner Entscheidung geben würde. Leider wurden unsere Hoffnungen nicht erfüllt.

Eines Tages ging die Nachricht durch unser Dorf, daß seine Frau entbunden habe. Das Kind wäre aber nicht von Wolodja, sondern vom Brigadier, in dessen Kolonne sie arbeiten würde. Das war ein alter, urwüchsiger Kasache. Und der Junge, den sie entbunden hatte, war ebenfalls ein waschechter Kasache mit blauschwarzen Haaren, schmalen mongolischen Augen und einer flachen Nase. Wolodja hatte blonde Locken und große himmelblaue Augen.

Als Mutter davon erfuhr, brach in unserem Haus Panik aus. Was tun, damit Vater nichts erfährt? Es würde ihn umbringen! Mutter faßte schnell einen Entschluß.

Sie brachte mich zu einem meiner verheirateten Brüder und beauftragte die Schwiegertochter, auf mich aufzupassen. Noch bevor Vater von der Arbeit nach Hause kam, packte sie schnell ein paar Sachen und verabredete mit dem Postboten, daß Vater und sie mit ihm ins Rayonzentrum fahren sollten. Von dort fuhren dann beide weiter nach Pawlodar zum ältesten Sohn meines Vaters, Johannes. Nur er hatte

Einfluß auf meinen Vater, und Vater besprach mit ihm alle wichtigen Dinge in unserer Familie.

In Vaters Abwesenheit nahm Paul Wolodja bei sich zu Hause auf, damit er sich nichts antue. Wolodja begann zu trinken. Lange Zeit lebte er bei Paul, bis er eines Tages seine sieben Sachen packte und zurück zu seiner Frau nach Hause fuhr. Lange hatte er sich mit dieser Entscheidung herumgequält. Schließlich meinte er: "Sollen die Leute doch ihre Mäuler zerreißen, wenn ihnen danach ist. Niemand weiß, was wirklich los war. Wenn sie es wüßten, würden sie schweigen. Christina kann darüber nicht reden. Wie dem auch ist, ich liebe sie, und wir werden das Kind gemeinsam aufziehen."

Er lebte mit Christina noch drei schreckliche Jahre zusammen. In diesen drei Jahren gebar sie ihm noch zwei kleine Kasachen. Danach ging er für immer von ihr fort. Die erste Zeit lebte er in einem Dorf nicht weit von uns entfernt und trank. Er trank von morgens bis abends. Er wurde aus seiner Arbeitsstelle gekündigt. Lange Zeit vermied er es, seine Verwandten zu treffen, vor allen Dingen den Vater. Offensichtlich verstand ihn Vater aber besser, als irgend jemand anderes. Er gab ihm Zeit, seinen Schmerz zu ersticken. Dann, eines Tages, fuhr er mit zwei seiner Söhne zu dem wieder betrunkenen Wolodja, luden ihn im halb bewußtlosen Zustand auf einen Karren und brachten ihn nach Hause.

Bereits vorher hatte Vater im Dorf eine passende Frau für ihn ausgesucht. Sie hieß Frieda Hoffmann. Später nannten wir sie nur noch "unsere Frieda". Schon als Kind hatte sie beide Eltern verloren. Ihr Vater war im Arbeitslager erschossen worden, ihre Mutter verhungert. Als sie noch ganz klein war, wurde sie von einer Tante mütterlicherseits aufgenommen, die sie gemeinsam mit den eigenen Kindern aufzog. Als junges Mädchen wurde sie Opfer einer Vergewaltigung (man munkelte, daß es der Kommandant gewesen war), wurde schwanger und gebar ein Mädchen.

Als Mensch war sie der reinste Engel – klein gewachsen, mit einer sehr ausdrucksstarken, fraulichen Figur, einem schüchternen Blick und einer reinen, rosafarbenen Gesichtshaut. Ihre Wangen waren immer gerötet.

Es waren die harten moralischen Gesetze der damaligen Zeit, die dazu führten, daß sie von der Gruppe Jugendlicher, zu der sie eigentlich gehörte, ausgeschlossen wurde. Sogar die größten Schurken hätten sie nicht mehr geheiratet.

Unsere Familie hatte im Dorf einen sehr guten Ruf. Vater wurde von allen verehrt und geachtet. Und alle im Dorf wußten um Wolodjas Tragödie. Ein kleines Dorf ist wie eine kleine Welt. Wie ein Lauffeuer ging es durch das Dorf, daß Wolodja Frieda Hoffmann heiraten werde. Das war eine richtige Sensation. Die Leute freuten sich für die beiden sehr. Still, ohne Festlichkeiten ließen sie im Dorfsowjet ihre Ehe registrieren und begannen ein gemeinsames Leben. Gemeinsame Kinder haben sie allerdings nicht bekommen. Wolodja adoptierte ihre Tochter und erzog sie wie sein eigenes Kind. Frieda war eine ausgezeichnete Hausfrau und ein Schatz von einem Menschen. Vater mochte sie über alles.

Ein halbes Jahr später bekamen sie eine eigene Erdhütte gebaut, in der sie bis zum Umzug glücklich lebten. Seine erste Frau Christina versuchte noch lange mit allen erlaubten und unerlaubten Mitteln, ihn zurückzuerobern, ungeachtet der schrecklichen Lage, in die sie Wolodja gebracht hatte. Als er die Scheidung forderte, lehnte sie kategorisch ab und begründete es damit, daß sie ihn noch liebe. Das Gericht fand jedoch ausreichend schwerwiegende Gründe, um dem Gesuch des Klägers stattzugeben, und sprach die Scheidung aus. Dieses Urteil blieb rechtskräftig. Nach der Scheidung begann sie ihm Liebesbriefe zu schreiben – zwei, drei Briefe die Woche. Auch Frieda bekam die Briefe in die Hände. Natürlich quälte sie das, machte sie verdrossen. Gemeinsam mit Vater ging Wolodja deswegen in unsere kleine Post und bat darum, diese Briefe in Zukunft zu Vaters Adresse zu bringen. Anfangs wußte Christina nichts davon und schüttete uns regelrecht mit Briefen zu. Nachdem mir Vater eine Anwort auf diese Briefe diktiert hatte, die wir ihr dann zuschickten, hörte das auf.

Uns hat es nicht mehr interessiert, wie ihr Schicksal weiter verlief. Wolodja hatte seine Vergangenheit aus seinem Leben gestrichen, als ob es sie nie gegeben hätte. Später erfuhren wir, daß Christina ihr Dorf verlassen hatte. Zu groß war wohl ihre Schande, zu schlecht ihr Benehmen. In einem kleinen Dorf wird das nicht verziehen.

Gut zwanzig Jahre später hat sie uns und Wolodja im südlichen Kasachstan, wohin wir umgezogen waren, ausfindig gemacht und noch einmal einen Brief geschrieben. Es war eine bittere Beichte eines verpfuschten Lebens und zerstörter Hoffnungen, der Aufschrei einer gequälten Seele. Darin lüftete sie ihr "Geheimnis", welches Wolodja schon immer erahnt hatte. Mit enger Schrift geschrieben, verblüffte diese Beichte durch ihre Gegensätze. Einerseits spürte man die Wut und die Bitterkeit über ihr kaputtes Leben, den Schmerz des Verlustes, die Leiden, Erniedrigungen und die Ängste. Gleichzeitig enthielt der Brief auch nüchterne und sachliche Beschreibungen von Szenen und Plätzen, wo und wie der Brigadier ihr Gewalt angetan hatte, wie er ihr gedroht hatte, sie schlug und quälte, wenn sie sich ihm widersetzte und wie er ihr androhte, nicht nur sie, sondern auch Wolodja zu töten, wenn sie es wage, sich jemandem anzuvertrauen. Es entstand der Eindruck, als wolle sie Wolodja aufrufen, sie zu rächen.

Die Kinder hatte der Brigadier ihr mit der Zeit alle weggenommen und in seiner Familie aufgezogen. Manchmal besuchten diese ihre Mutter, aber sehr selten. Sie wurden vom Vater im moslemischen Glauben erzogen und hatten mit ihrer Mutter nichts gemeinsam.

Am Ende des Briefes erklärte sie ihm – wie auch vor zwanzig Jahren – ihre Liebe und beteuerte, daß er ihre einzige Liebe im Leben gewesen sei.

Wie ich schon berichtete, ließ mich Mutter bis zu ihrer Rückkehr im Rayonkrankenhaus zurück und fuhr nach Pawlodar, um Vater zu besuchen. Auf dem Rückweg holte sie mich ab, und wir fuhren gemeinsam nach Hause in unsere kleine, gemütliche Behausung. Mutters Stimmung war gedrückt. Wie ich erfuhr, stand es sehr schlecht um Vaters Gesundheit. Damals bekam man von den Ärzten die Diagnose noch nicht mitgeteilt. Das war nicht üblich. Wir erfuhren, daß Vater an Darmkrebs erkrankt war, erst nach seinem Tode. Da es in unserem kleinen Ort zu dieser Zeit noch kein Krankenhaus gab, wurde in der Familie entschieden, daß es besser für Vater wäre, in Pawlodar zu bleiben. Er wohnte dort bei seinem ältesten Sohn, wo er recht gut versorgt wurde und die nötige medizinische Hilfe bekam.

Zur gleichen Zeit begann sich auch die politische Lage in Rußland zu verändern.

Stalins Tod, angeordneter Trauertag

Wir schrieben das historische Jahr 1953.
Ich weiß noch, wie eines Tages im zeitigen Frühjahr unser Lehrer, der zugleich Schuldirektor war, zu uns in die Klasse kam. So hatten wir ihn noch nie gesehen: Er sah verloren aus, war kreidebleich, seine Lippen zitterten, und in seinen Augen standen Tränen. Mit dumpfer Stimme wandte er sich an die stehenden Kinder: "Ich bitte alle stehenzubleiben."

Mit tränenerstickter Stimme fügte er hinzu: "Heute ist der schwärzeste Tag in unserer Geschichte und in der Geschichte der gesamten Menschheit. Unser großer "Führer und Vater der Völker" Genosse Stalin ist heute verstorben. Die gesamte Menschheit trauert um ihn. Wir ebenso. Gedenken wir seiner mit einer Schweigeminute."

Beim Anblick ihrers Lehrers, dem die Tränen nur so aus den Augen liefen, begannen die Kinder ebenfalls zu schniefen. Auch ich schniefte, obwohl mir überhaupt nicht nach weinen zumute war.

Am nächsten Tag sollten wir zu Hause bleiben. Die Schule blieb geschlossen. Überall wurde Trauer angeordnet. In meinem Innersten war ich sehr froh, daß der "Führer der Völker" verstorben war und ich deswegen zu Hause bleiben, mit meiner Katze länger im Bett kuscheln und Märchen lesen konnte.

An diesem Tage reichten sich die Menschen bei uns zu Hause die Klinke in die Hand. Alle waren aufgewühlt. Es kamen die anderen Deutschen aus unserem Dorf, meine Tanten und Brüder. Mal kamen sie zu zweit oder zu dritt, mal auch allein.

Sie kamen für einige Minuten herein, setzten sich ohne abzulegen auf die Bank neben der Tür, schwiegen erst vielsagend, schauten Mutter an und fragten: "Haben Sie schon gehört?"

Mutter schaute dann erst auf mich, dann genauso vielsagend auf die Gäste, dann senkte sie den Blick und antwortet absichtlich laut: "Ja, ja, habe ich. Was für ein Unglück!"

In ihrer Stimme hörte ich jedoch kein Schmerz. Es klang eher so, als würde sie sagen:' Gott sei Dank!'

Ich kannte den Klang ihrer Stimme und ihre Stimmung gut, wenn sie voller Freude und glücklich war. Genauso klang jetzt ‚was für ein

Unglück'. Mehr noch, mir schien, daß sie gleich loslachen würde. Wenn Mutter dann wieder die Augen hob und den Gast ansah, fing ich ihre Blicke ab und sah, wie die Freude in ihren Augen blitzte. Diese bettelten regelrecht darum, rausgelassen zu werden. Und sie konnten sie auch nicht verbergen, welche Mühe sie sich auch gaben. Man muß natürlich dazu sagen, daß sie sehr schlechte Schauspieler waren.

Ich allerdings konnte das alles nicht verstehen. Ich ärgerte mich und versuchte auf verschiedene Art und Weise von Mutter zu erfahren, was eigentlich los sei. Als mir das nicht gelang, fiel mir wieder etwas anderes ein, was ich schon seit dem Morgen fragen wollte – etwas, was für mich sehr verblüffend und unverständlich war.

Als ich morgens nach dem Aufstehen in die Küche kam, stand auf dem Eßtisch in einer Vase ein Strauß mit dem ersten zarten Grün, geschmückt mit unterschiedlichen, kunstvoll gebundenen Strohfiguren. So etwas gab es sonst nur zu Feiertagen. Wer hatte das gemacht?

Da ich mit Mutter allein im Haus war, konnte es also nur sie gewesen sein. Für solche Bastelideen braucht man Zeit. Mutter hatte sie sich genommen, was mich sehr erstaunte. Der Strauß sah sehr dekorativ aus, außerdem stand er auf dem Eßtisch.

Im Haus war niemand. Sicherlich war Mutter gerade im Stall, um das Vieh zu versorgen. Ich konnte also nicht sofort nachfragen, und so blieb die Frage offen.

Jetzt erinnerte ich mich wieder daran.

Als der Gast unser Haus wieder verlassen hatte und ich befürchten mußte, daß gleich der nächste kommen würde, fragte ich eilig:

"Mutter, heute ist ein Trauertag. Warum haben Sie denn auf unseren Eßtisch einen Blumenstrauß gestellt? Unser Lehrer hat uns aufgetragen, Stalins Portrait mit einem schwarzen Band zu schmücken, es auf einen gut sichtbaren Platz aufzustellen und den ganzen Tag schwarz zu tragen."

Meine Frage traf Mutter offensichtlich unerwartet. Für mich sah es fast lustig aus, wie sie mit offenen Augen erstarrte, dann bis zu den Haarwurzeln errötete. Ich bemerkte, wie auf ihrem Gesicht kleine Schweißperlen austraten. Sie war wie versteinert. Dann drehte sie sich schnell von mir weg und fing an, laut zu jammern, wie auf einer Bühne:

"Mein Gott, was habe ich nur angerichtet? Ich habe heute morgen unser Unglück ganz vergessen! Was ist bloß los mit mir? Mein Gedächtnis läßt mich langsam im Stich!"

Dann wurde sie genauso plötzlich wieder still, drehte sich schnell zu mir um und sah mir aufmerksam in die Augen. Das tat sie meistens, wenn ich sie anlog oder etwas erfand.

Sie sah sehr verärgert aus, kam dicht an mich heran, nahm mich bei der Schulter, zog mich zu sich heran und fragte streng:

"Sag mir doch mal, bitte schön, warum du die ganze Zeit geschwiegen hast? Du weißt doch, ich bin eine ungebildete Frau! Das hättest du mir doch eher sagen können! Warum hast du es nicht getan? Antworte!"

Jetzt war ich überrumpelt, wußte nicht, wie ich mich verhalten sollte und versuchte, aus dem Stehgreif etwas zu erfinden.

"In Ordnung, ich sehe schon!" – sagte Mutter bedeutungsvoll.

"Ich glaube, wir haben beide etwas Schuld. Nimm schnell den Strauß vom Tisch und wirf ihn auf die Straße. Schade um die viele Zeit, die ich für ihn verwendet habe."

Ich stand auf, um zu tun, was mir Mutter aufgetragen hatte, als sie einen hastigen Schritt machte und sagte:

"Laß mal, gehe lieber und hänge die Wäsche ab, dann lege und glätte sie. Die Blumen bringe ich selber raus."

‚Glätten' bedeutete, daß ich mich eine halbe Stunde auf die Wäsche setzen mußte.

"Dabei kannst du mir aus der Geschichte was nettes über "unseren Führer" vorlesen. Ich setze mich mit meinem Strickzeug gleich neben dich und dann halten wir eine "Trauerstunde."

Irgendwie künstlich begann sie eilig ihre Schürze abzuklopfen, fasste in die Schürzentasche, als ob sie ein Taschentuch suche. Als sie das Gewünschte nicht fand, knüllte sie ihre Schürze zusammen, fing an, damit ihre trockenen Augen zu reiben und mit der Nase zu schniefen.

Ich verstand gar nichts mehr und schaute sie entgeistert an.

Sie preßte sich ein paar Tränchen ab und sagte:

"Wie werden wir jetzt bloß ohne unseren geliebten "Führer" leben können? Gott sei ihm gnädig! Möge er von Gott nach seinen Verdiensten belohnt werden!"

Und wieder war dieser Klang in ihrer Stimme.
Sie sagte 'Gott sei ihm gnädig', und ich hörte heraus ‚In der Hölle soll er schmoren!'
Sie sagte ‚Möge er von Gott nach seinen Verdiensten belohnt werden' und ich hörte heraus, 'Dreimal verflucht soll er sein, der Henker und Halunke, der Folterknecht des Volkes'.
Wieder starrte ich sie mit offenem Munde an und verstand nichts.
Offensichtlich hatten wir unsere Rollen jetzt vertauscht: Mutter beobachtete meine Reaktion auf ihre Handlungen. Als sie sah, wie hilflos und unvorbereitet ich auf diesen Wechsel reagierte, lächelte sie und sagte:
"Na komm, du Grashüpfer, geh jetzt die Wäsche reinholen. Ich schmeiß in der Zeit die Blumen weg." Dann nahm sie mit einem Schwung die Blumen aus der Vase und ging zur Tür. Ich beeilte mich, ihr zu folgen. Ein bißchen ärgerte mich ihre List, andererseits platzte ich fast vor Neugier. Warum hatte sie so schnell ihre Meinung geändert und nicht mich die Blumen auf die Straße werfen lassen? Ich fing an, die Wäsche einzusammeln und beobachtete dabei, was Mutter mit dem hübschen Strauß machte.
Sie ging in den Schuppen zu einem Misthaufen, den sie gerade erst aufgeschüttet hatte, nahm die Mistgabel und vergrub den Strauß in den frischen Kuhmist, das nichts mehr von ihm zu sehen war. Wieder im Haus, wendete sie sich besorgt an mich:
"Du darfst niemandem von dem Strauß erzählen. Du bist schon groß und kannst selber denken. Und du beobachtest immer sehr genau, was im Haus passiert. Schaue mit den Augen und beobachte und bewahre die Bilder für immer in deinem Herzen. Aber hüte deine Zunge und rede nicht rum."
Dann setzte sie sich mit ihrem Strickzeug neben mich, und ich mußte ihr die Autobiographie des "großen Führers" vorlesen.
So, als ob sie etwas vergessen hätte und es ihr gerade wieder einfiel, griff sie von Zeit zu Zeit nach ihrer Schürze, rieb damit lange ihre trockenen Augen und schniefte und schluchzte dabei sonderbar. Die restliche Zeit des Tages verhielt sie sich sehr förmlich zu mir.

Sie trug mir auf, Stalins Portrait zu holen. Während ich das Zimmer verließ, hatte sie schon ein schwarzes Band vorbereitet. Sie nahm das Portrait in die Hände und umwickelte es mit dem Band. Sie wollte es gerade auf den Eßtisch stellen, als sie die kleinen Pünktchen darauf bemerkte. "Wo hat das Bild bei dir denn rumgelegen und warum sind diese Flecken darauf?"– fragte sie mich.

Verdutzt sah ich sie an.

"Mutter, Sie wissen doch, daß es immer neben meinem Schreibtisch an der Wand hing!"

"Dann haben ihn eben die Fliegen vollgeschissen", sagte sie grob und fuhr mit wilder Entschlossen fort: "Da wollen wir "unseren Führer" mal säubern."

Sie nahm das Bild hoch, spuckte dreimal saftig drauf und verteilte die Spucke über das ganze hochmütige Gesicht des "Führers". Danach ließ sie es laut auf den Tisch fallen.

"So! Meinetwegen soll es jetzt noch einen Tag auf dem Tisch stehen. Wir werden trauern und uns für immer von "unserem Führer" verabschieden,"– sagte sie. "Und hänge ihn nicht mehr an die Wand. Wir werden "unseren Führer" so in ewiger Erinnerung halten. Pack das Bild in eine Schublade."

Sie wiederholte so oft die Worte "unser Führer", daß sie mir in den Ohren brummten, wie eine aufdringliche, klebrige, störende Schmeißfliege. Mir schien es, als ob sie die Sätze absichtlich so formulierte, daß man die Worte darin unterbringen konnte.

Wenn sie sie sagte, dann klang in ihrer Stimme so viel Geringschätzung, Sarkasmus und verdeckte Wut, daß ich sie jedesmal fragend ansah. Obwohl ich versuchte, ihr eine Antwort auf diese stumme Frage zu entlocken, tat sie beharrlich so, als ob sie meinen Blick nicht bemerke.

Nachdem sie mit dem Bild fertig war, setzte sie sich wieder mit ihrem Strickzeug an den Ofen und fing demonstrativ an, mit ihrer klaren, dünnen Sopranstimme lustige und freche deutsche Reime zu singen. Dabei klopfte sie mit den Füßen im Takt, als ob sie am liebsten tanzen würde. Sie tat es so laut, daß man meinen könnte, bei uns im Haus werde Hochzeit gefeiert. Mir blieb nichts anderes übrig, als dieses Schauspiel staunend zu betrachten und darüber nachzudenken, was das alles wohl zu bedeuten habe.

Das russische „Tauwetter"

Dekret des Obersten Sowjets der UdSSR vom 13.12.1955 „Über die Aufhebung der Beschränkungen in der Rechtstellung der Deutschen und ihrer Familienangehörigen, die sich in den Sondersiedlungen befinden"

Die Zeit verging, und das von vielen Rußlanddeutschen heiß ersehnte Dekret kam erst im Jahre 1956 zu stande. Schon zu Beginn des Jahres gingen im Dorf vorsichtige Gerüchte um, daß die Deutschen von den Auflagen der Kommandatur entbunden werden sollen.

Das Dorf und seine Bewohner waren voller Erwartung. Manchmal konnte man hier und da hören, wie die Menschen träumten und Pläne für die Zukunft schmiedeten.

Die Dorfbewohner warteten still, als ob sie Angst hätten, alles andere wäre Gotteslästerung. Sie hielten den Atem an, warteten und wagten kaum, zu hoffen.

Eines Tages kam Mutter von der Arbeit, wie ich sie noch nie gesehen hatte.

Hastig und in großer Eile, als ob man hinter ihr herjagen würde, schloß sie hinter sich die Tür. Mit den Worten: "Lieber Herrgott, sei gepriesen. Endlich! Endlich ist es soweit!" lief sie ins Schlafzimmer, fiel auf die Knie und fing an zu beten. Sie betete laut. Die Tränen flossen ihr über das Gesicht, aber sie lächelte dabei. Gleichzeitig lachend und weinend, betete und betete sie. Ich bekam eine richtige Gänsehaut.

"Was ist los, Mama?" – rief ich und rannte zu ihr.

Sie schob mich zur Seite und betete weiter.

Als sie fertig war, stand sie auf, wischte ihre Kleidung ab und kam zu mir. Sie nahm mich in den Arm und sprach:

"Mit dem heutigen Tag sind wir freie Menschen, Töchterchen. Weißt du, was das für uns bedeutet? Das bedeutet, daß wir uns frei bewegen können. Niemand hat mehr das Recht, ungebeten nachts in unsere Häuser zu kommen, die Decken von den Schlafenden zu reißen, jede Ecke zu kontrollieren und uns durchzuzählen wie Vieh im Verschlag, um zu kontrollieren, ob wir alle zu Hause sind. Niemand wird uns mehr beaufsichtigen während wir arbeiten und jeden unserer Schritte beobachten. Kein Despot kann mehr seine eigene Not und Dummheit an uns auslassen. Wir können uns gegenseitig besuchen, wann und wie oft wir wollen. Niemand wird mehr unsere freie Zeit beschränken, und niemand wird mehr ungestraft auf unsere Tische spucken und unsere Frauen vergewaltigen."

Dann fuhr sie mit Bitterkeit in der Stimme fort:

"Natürlich haben wir erhofft und erträumt, daß wir zurück nach Hause dürfen, in unsere Heimat! An die Wolga! In unser großes, schönes Haus! Auf unsere Wiesen und Böden!"

Ihre Augen glänzten verträumt und sehnsüchtig auf. Dann fuhr sie enttäuscht und nüchtern fort:

"Wenn man uns wenigstens gestatten würde, nach Kuban zu fahren. Aber auch dahin dürfen wir nicht."

Die Stimme versagte ihr und durch Tränen brachte sie hervor:

"Die kasachische Steppe wird wohl bis zu unserem Tode unser Asyl bleiben. Niemals mehr werde ich mein Elternhaus betreten können, das große Wohnzimmer, in dem meine Brüder und ich immer spielten und aus dem Fenster die großen, weißen Dampfer auf der Wolga beobachteten."

Dann fuhr sie traurig fort:

"Ach, die Wolga! Ob ich diesen herrlichen Strom wohl je wiedersehen werde? Ob ich diesen glücklichen Tag noch erleben werde?"

Danach, wie aus einem Traum erwachend, verdeckte sie mit den Händen die Augen, schüttelte energisch ihren Kopf, als ob sie aufdringliche Fliegen verscheuchen wollte, und sagte versöhnlich:

"Gott sieht alles, auch die Obrigkeit. Nicht an uns ist es, sie zu verurteilen oder zu begnadigen. Es gibt ein höheres Gericht, vor dem sich noch nie jemand verstecken konnte. Vor ihm müssen alle sich verantworten!

Und was unser weiteres Leben angeht, so denke ich, daß wir überall leben können, ohne zugrunde zu gehen. Wir sind an jegliche Arbeit gewöhnt, wir können alles machen. Weiß Gott, wir hatten genügend Praxis! Wir sind gehärtet wie Eisen. Sogar wenn man uns in ein Feuer werfen würde, würden wir nicht verbrennen, sondern uns in Stahl verwandeln."

Dann, nach einer kurzen Pause:

"Und an unseren Häusern sollen sie ersticken! Wir werden uns neue bauen. Ich danke Gott, daß er uns die Freiheit gegeben hat! Das Wichtigste für uns ist jetzt, möglichst schnell einen neuen Wohnort zu finden – irgendwo im Süden, wo es Gemüse gibt und Früchte. Mit Gottes Hilfe wird auch Vater vielleicht wieder gesund. Und auch mit dir muß jetzt etwas passieren. In diesem Jahr wirst du mit der 7. Klasse fertig, und eine 8. Klasse gibt es im Dorf nicht. Und du willst doch weiter lernen.

Ich hab mich im Dorf schon erkundigt, wer demnächst wegfahren wird. Eigentlich habe ich mich sogar schon abgesprochen. In ungefähr zwei Wochen fährt eine Familie aus unserem Dorf fort. Sie haben sich im Süden Kasachstans einen Ort ausgesucht und nehmen mich mit."

"Und was ist mit mir, wo werden Vater und ich wohnen?"– fragte ich erschrocken.

"Vater und du – ihr beiden bleibt einige Zeit bei Albert. Ihr werdet es gut dort haben. Lilia hat kleine Kinder, sie kann jetzt sowieso nicht arbeiten. Sie wird auch für Euch sorgen. Mit Vater habe ich schon alles besprochen. Wir haben jetzt keine andere Möglichkeit. Sobald ich einen Ort gefunden habe, wo man billig ein Erdhütte kaufen und Arbeit finden kann, kommt ihr sofort nach. Das alles müssen wir noch vor Beginn des nächsten Schuljahres schaffen, damit du nicht die Schule verpaßt. Das wird nicht leicht."

"Mama, Sie haben mir nie erzählt, für welche Verbrechen ihr verurteilt und verbannt wurdet. Warum mußtet ihr soviel leiden? Warum hat der Kommandant uns ständig unter Beobachtung gehalten? Was haben wir getan? Worin besteht unsere Schuld? Bitte erzählen Sie es mir, ich bin schon kein kleines Kind mehr und möchte es wissen! In der Schule hat uns auch nie jemand erklärt, warum."

Mutter schaute mich nachdenklich an, dann ging sie zur Tür und schob den Riegel vor, schaute durchs Fenster und sagte mit gedämpfter Stimme:

"Ja, du hast recht. Ich denke, es ist an der Zeit, daß du es erfährst. Aber nur unter einer Bedingung – du mußt wissen, daß du niemals und unter keinen Umständen jemandem davon erzählen darfst. So, als ob ein Gespräch nie stattgefunden hätte. Das ist nur für deine eigene Sicherheit. Wenn du mir das versprichst, versuche ich dir kurz das meiste zu erklären."

Fragend schaute sie mich mit ihren lebendigen grauen Augen an.
"Ich verspreche es!"
"Dann höre:
Wir sind russische Deutsche, denn wir wurden in Rußland geboren. Aber unsere Vorfahren, das heißt meine Großeltern, sind Mitte des 18. Jahrhunderts aus Deutschland nach Rußland übergesiedelt. In Rußland herrschte damals Katharina die Zweite. Ihre Nationalität war deutsch, geboren wurde sie in Deutschland als deutsche Prinzessin. Ihre Familie war verarmt und man entschied, sie mit einem reichen Thronfolger aus Rußland zu verheiraten.

Jahre später wurde ihr Mann, der bereits den Thron innehatte, ermordet. Danach wurde die ehrgeizige Katharina Zarin von Rußland. Rußland war damals ein patriarchalisches, rückständiges Land. Die Zarin Katharina die Zweite wollte aus Rußland ein großes und mächtiges Reich machen. Dafür brauchte sie kluge, zuverlässige Köpfe und fleißige Hände, die die Arbeit nicht scheuten. Als geborene Deutsche wußte sie, wo sie diese finden konnte – bei sich in ihrer Heimat, in Deutschland. Die Deutschen waren als Nation seit jeher bekannt für ihre Klugheit, ihren Fleiß, ihre Sorgfältigkeit und Verläßlichkeit. Deswegen schloß sie mit deutschen Landesherren Verträge und erkaufte tausende kluge und arbeitsame Menschen. Darunter waren auch unsere Vorfahren. Die Zarin siedelte sie in den wilden, unbewohnten Weiten des Wolgagebietes an – entlang des breiten, ungezähmten Stromes.

Unsere Vorfahren hatten die neuesten Werkzeuge nach Rußland mitgebracht, mit denen sie begannen, die wilden Böden des Wolgagebietes urbar zu machen und zu bearbeiten.

Sie brauchten nicht lange, um die bis dahin leere Steppe in einen blühenden Garten zu verwandeln. Mit der Zeit wurde diese Gegend durch Gesetz zur Deutschen Autonomen Republik erklärt. Wir hatten deutsche Schulen, Gymnasien, Universitäten, Theater und Museen. Die Deutsche Autonome Republik wurde im Wolgagebiet ein festen Bestandteil, für Rußland ein Quell des Reichtums, der Kultur und hochqualifizierter Arbeitskräfte.

Als 1941 Deutschland begann Krieg gegen Rußland zu führen, haben Stalin und seine Gefolgsleute unsere Republik liquidiert und ihre Bewohner, das heißt alle Menschen deutscher Abstammung, zu Feinden des russischen Volkes erklärt, in Listen des NKWD – des

Volkskommissariats für Innere Angelegenheiten – erfaßt und über jeden ein Dossier eröffnet.

Die Alten und die Kinder wurden in die verschiedensten Gegenden des riesigen Rußlands zwangsumgesiedelt – nach Sibirien, Kasachstan, in den Norden des Ural und in andere Republiken. Wir sind hier gelandet, in den Norden Kasachstans, wo wir unter der Aufsicht der Kommandatur 15 Jahre Frondienste geleistet haben.

Die jungen Frauen und Männer wurden in Stalins Konzentrationslager gebracht, mit Hunden und Aufsehern hinter Stacheldraht gesperrt. Sie mußten die schwierigsten Arbeiten machen. In Sibirien arbeiteten die Deutschen beim Holzeinschlag, im Norden in Bergwerken, im Ural in den Aluminiumwerken und Förderstätten von Erdgas. Dort starben sie wie die Fliegen vor Hunger und Kälte und durch die Schläge und Grausamkeiten der Aufseher. Viele wurden einfach erschossen. Millionen Rußlanddeutscher wurden in diesen Lagern zu Tode gequält.

Heute ist der erste Tag unserer Freiheit, auch wenn sie noch eingeschränkt ist.

Merk ihn dir gut, Töchterchen. Vater und ich werden den Tag nicht mehr erleben, an dem wir Deutschen in das Land unser Vorfahren – nach Deutschland – zurückkehren werden. Vielleicht wird dir dieses Glück beschieden sein. Es steht schon in der Bibel "der Tag wird kommen". Und wenn du ihn erlebst, dann erzähle der ganzen Welt, was du gesehen und gehört und was du erlitten hast. Das soll dann all denjenigen zur Warnung dienen."

Der Ausdruck auf dem Gesicht meiner Mutter war in diesem Moment schwer zu beschreiben: Ihre großen dunkelgrauen Augen blickten ernst und sehr konzentriert. Wut gemischt mit tiefem seelischen Schmerz sprach aus ihnen. Ihr Blick war in die Ferne gerichtet. Entschlossenheit, Furchtlosigkeit, das Gefühl unbezwungener Stärke spiegelten sich in ihnen.

"Arbeit, Kälte, Hunger, Leid und Krankheiten kann der Mensch ertragen und überleben. Auch die tiefsten Wunden des Körpers vernarben mit der Zeit. Aber die seelischen Wunden von Gewalt, Erniedrigungen, Verachtung und Haß, denen wir die letzten 15 Jahre ausgesetzt waren und denen wir hier in Rußland auch weiter ausgesetzt bleiben, wo doch die Verluste und das Leid, die dieser Krieg über die

Menschen gebracht hat, noch so frisch sind – die werden wohl nie vernarben.

Schon so oft haben die Herrschenden unser Hab und Gut genommen, was wir uns mit den Jahren immer wieder geschaffen haben.

Die letzten 15 Jahre hat man uns beigebracht, widerspruchslos alles zu tun, was man uns befiehlt. Alle Wünsche hat man in uns getötet. Und jetzt hat man uns wie Hunden einen abgenagten Knochen zugeworfen.

Großer Sarkasmus klang aus den Worten meiner Mutter. Dann fuhr sie bitter fort:

"Natürlich, die Arbeitskraft eines Sklaven kann man überall gebrauchen. Als solche werden wir in Rußland auch sterben. Ich glaube nicht, daß wir je rehabilitiert werden.

Keiner weiß, wie viele Jahre das Schandmal von Volksfeinden noch an den Rußlanddeutschen haften wird. Wer weiß, vielleicht mußt auch du noch dein ganzes Leben mit diesem Makel leben. In Rußland wird sich wohl kaum ein Regent finden, der sich entschließt, den Deutschen ihre Unabhängigkeit und ihren Nationalstolz zurückzugeben, der ihnen die Chance gibt, das Joch der Sklaverei abzuwerfen, daß wir schon so lange ziehen."

Sie schwieg verbittert. Dann fuhr sie fort:

"Was denkst du denn, warum Vater manchmal so eisern mit dir war? Weil er dich mehr liebt, als alles andere auf der Welt! Seine einzige Sorge heute bist du! Alle anderen sind bereits erwachsen. Er ist besorgt über dein weiteres Schicksal. Das zermartert seine Seele. Er möchte, daß auch du die Stärke in dir erziehst, Schwierigkeiten zu widerstehen. Aber um das zu schaffen, muß man klug sein und lernen.

Unser Problem besteht darin, daß das für uns Deutschen in Rußland wahrscheinlich nur leere Träume sind. Das wirst du auch noch merken. Du stehst erst am Anfang deines Lebens. Und wenn du nicht einen starken Willen herausbildest und lernst, dich an beliebige Lebensumstände anzupassen, dann wirst du nicht überleben."

Mutter schwieg wieder eine Minute, in Gedanken versunken, berührte dann meine Hand und sagte aufgeregt: "Und denke daran, daß das, was ich dir heute erzählt habe ausreicht, um mich mein restliches Leben hinter Gitter zu bringen. Und über dich wird man eine

Akte anlegen und dann wird man dein Leben lang jeden Schritt von dir beobachten. Wenn du leben willst und auch etwas im Leben erreichen möchtest, dann mußt du in erster Linie lernen zu schweigen."

Mutter atmete tief durch. Dann fuhr sie fort: "Ich kann dir gar nicht sagen, welche Höllenqualen du für ein paar unbedacht ausgesprochene Worte erleiden müßtest. Im Gefängnis bist du kein Mensch mehr. Dort bist du ein Dreck. Jeder kann mit dir machen, was er will. Und keiner auf der Welt wird erfahren, was mit dir passiert ist. Deswegen ist Vater so beunruhigt über dein weiteres Schicksal." Mutter sah auf die Uhr.

"Bald wird es Zeit die Kuh zu melken und den Schuppen aufzuräumen", sagte sie.

Aber ich bewegte mich nicht. Nach dieser Erzählung sah ich meine Mutter mit ganz anderen Augen. So hatte ich sie nie gekannt. Zwar hatte ich die Erwachsenen ständig beobachtet und auch Dinge in unserem Leben miterlebt, aber die Worte meiner Mutter ließen mich mit einem Schlag erwachsener werden. Tief beeindruckt von ihren Worte, fragte ich:

"Mutter, etwas habe ich trotzdem nicht verstanden: Für welche Verbrechen konkret haben denn nun alle Deutschen ohne Ausnahme solche Grausamkeiten aushalten und 15 Jahre in Gefangenschaft verbringen müssen? Die Alten und die Kinder in freien Ansiedlungen, und die Jüngeren in Lagern hinter Stacheldraht mit Hunden und Wachleuten! Etwa nur aus dem Grund, daß unsere Vorfahren aus Deutschland kamen und wir die gleiche Nationalität haben, wie Hitler?"

"Das hast du ganz richtig verstanden, Mädchen, nur aus diesem Grund. Wir haben keine Verbrechen begangen. Ganz im Gegenteil: Unser Fleiß und unsere Ehrlichkeit haben Rußland viel Nutzen gebracht."

Offensichtlich drückten meine Augen so viel Entsetzen und Verwirrung aus, daß Mutter entschied, dieses Gespräch zu beenden. Sie stand auf und sagte zu mir:

"Geh ins Schlafzimmer und leg dich hin. Es ist schon spät. Denk gut darüber nach, was ich dir erzählt habe. Wie in Stein gemeißelt solltest du das in deinem Herzen und deinem Verstand bewahren. Aber Gott behüte, daß irgend jemand von unserem Gespräch erfährt. Nicht einmal diejenigen, die dir am nächsten stehen, dürfen davon wissen."

"Nicht mal ein Bruder oder eine Schwester oder ein Freund?"
"Nicht mal ein Bruder oder eine Schwester und erst recht nicht ein "Freund", wie du es nennst. Woher willst du denn wissen, ob es ein Freund oder ein Feind ist?
Um uns Deutsche herum lauschen überall Ohren, obwohl wir sie nicht sehen.

Nicht jeder Rußlanddeutsche hat all die Prüfungen und die unmenschlichen Qualen ausgehalten, die ihm das Schicksal auferlegt hat. Und in seiner Schwäche kann ein Mensch schlimm werden. Es reicht aus, nur einmal Schwäche zu zeigen, und schon ist man in den eisernen Krallen seiner Peiniger gefangen. Diese Elenden schickt man dann los, damit sie beobachten und den Behörden alles zutragen, was sie gesehen und gehört haben. Gegen seinen Willen wird der Mensch zum Denunzianten und Verräter. Hunderttausende russische Deutsche wurden so Opfer von Menschen, die man "umgedreht" hatte, und kamen in den Mauern von Stalins Gefängnissen und Konzentrationslagern um.

Diese Menschen tun alles, um im Leben ein Stückchen voran zu kommen und sich ein warmes Plätzchen zu schaffen. Sie sind nicht mehr in der Lage, ihre Zukunft selbst zu bestimmen, weil sie durch ihre eigene Schwäche geknebelt sind.

Sie werden an deinem Tisch sitzen und sich von dir bewirten lassen, und danach gehen sie in die Kommandatur und werden dich denunzieren. Sie werden sich als Freund bei dir beliebt machen wollen, um deine Gedanken zu erfahren. Sie werden dich herausfordern, damit du deine Meinung sagst. Und das wird dann dein Ende sein. Das mußt du dir fest hinter die Ohren schreiben! Sei vorsichtig und schenke niemandem blindes Vertrauen. Lerne zu spielen um herauszufinden, was ein Mensch von dir will und wer er ist.

Und merke dir, daß nur eine Mutter ein solches Risiko eingehen und diese Tabus brechen darf. Und das auch nur, weil sie dich vor den Gefahren warnen möchte, die um dich herum lauern. Dieses Gespräch sollte dir als Warnung in all deinen Taten dienen.

Und jetzt geh, mach den Primus an und koche uns einen Tee. Ich werde inzwischen in den Schuppen gehen. Dann wird gegessen und ab ins Bett – ich muß morgen zeitig zur Arbeit und du mußt in die Schule."

Mit diesen Worten stand Mutter schnell auf, zog sich ihre Arbeitskleidung über und verließ das Haus.

Unter dem Eindruck des soeben Gehörten füllte ich wie geistesabwesend Wasser in den Teekessel, zündete den Petroleumkocher an und stellte den Teekessel auf. Während das Wasser zu kochen begann, ging ich in Gedanken ihre Worte noch einmal durch.

Ich war einfach nicht in der Lage, mit einem Mal diese riesige Flut von Informationen zu verarbeiten, die mich regelrecht überschwemmt hatte. Die Worte meiner Mutter hämmerten in meinem Kopf und ängstigten mich. Ihre verzweifelte Offenheit mir gegenüber rief aber gleichzeitig ein ernstes Gefühl von Verantwortung und von Dankbarkeit hervor.

Ungeachtet der vielen Vorfälle, die ich selber miterlebt hatte, die mich erschreckten, zur Vorsicht mahnten und nachdenklich stimmten, hatte ich mir nie den vollen Umfang dieser quälenden Ausweglosigkeit, Unsicherheit und dumpfen Verzweiflung vorstellen können, die sich wie schwere, undurchdringliche schwarze Gewitterwolken über unseren Schicksalen auftürmten.

Mir schien, daß ich in diesen wenigen Stunden um Jahre erwachsener geworden war.

Draußen senkte sich langsam die Abenddämmerung herab. Ich füllte die Petroleumlampe auf, putzte das Glas und zündete sie an. Dann zog ich die Vorhänge am Fenster zu und bereitete Tee und ein paar Brote zum Abendessen.

Nach dem Abendessen machten sich Mutter und ich fertig, um zu Bett zu gehen.

Sie nahm die Lampe, drehte den Docht herunter, kontrollierte die Tür und die Riegel, dann gingen wir beide ins Schlafzimmer.

In meinem Kopf drehte sich ständig eine Frage, die mir keine Ruhe ließ. Von Zeit zu Zeit sah ich meine Mutter nachdenklich an, aber ich getraute mich nicht, diese Frage zu stellen. Ein paar Mal bemerkte meine Mutter diese unentschlossenen Blicke, aber sie schwieg. Endlich fragte sie:

"Wenn dich noch irgend etwas quält, dann frag. Wir haben noch ein bißchen Zeit. Zieh dir deine warmen Socken über und komm zu mir unter die Decke."

Froh über diese unerwartete Hilfe, huschte ich unter ihre Decke und machte es mir hinter ihrem Rücken an der Wand bequem. Weil die Wand feucht war und immer Kälte abgab, legte Mutter gewöhnlich Vaters großen, dicken Schafpelzmantel aus, den sie dann später wieder in die Truhe packte. Auch jetzt holte sie aus der riesigen Truhe den Mantel, rollte ihn zusammen und legte ihn entlang der Wand. Dann stopfte sie mir noch eine Daunendecke hinter den Rücken – die Daunen rupfte sie von den Gänsen, die wir jährlich hielten – legte sich selber gemütlich zurecht und begann, für die Nacht ihre Zöpfe aufzuflechten.

"Na, was brennt dir noch auf der Seele? Frag schon!"

Ich wußte nicht, wie Mutter auf die Frage reagieren würde, die mir ständig im Kopf herumging, ob sie überhaupt mit mir über dieses Thema reden würde. Wieder sah ich sie unentschlossen an, in Gedanken meine Frage formulierend. Als ob ich Angst hätte, sie überhaupt nicht mehr stellen zu können, platzte ich dann heraus:

"Wenn man uns – die russischen Deutschen – nur für unsere Nationalität so streng bestraft, warum wechseln wir sie dann nicht? Ich kenne ein Mädchen aus der Parallelklasse. Die waren auch erst Deutsche. Jetzt sind sie Russen und der Vater arbeitet im Dorfsowjet."

"Ich wußte, daß du das fragen wirst", sagte Mutter. "Da du das Thema schon angesprochen hast, werde ich versuchen, dir darauf zu antworten.

Aber bitte, quäle dich in Zukunft nicht mit solchen Fragen. Das ist noch zu kompliziert für dich. Beobachte einfach schweigend und mach dir deine Gedanken."

Meine Fragen – Mutters Antwort

Sie schwieg kurz, als ob sie irgend etwas überdenken würde, und fuhr dann fort:

"Damit du das besser verstehen kannst, will ich dir ein Beispiel bringen.

Nimm die Schlange – sie häutet sich jedes Jahr, weil die alte Haut zu rauh wird und zu stören beginnt, wenn sie sich lautlos und unbemerkt an ihre Beute heranschleichen will oder selber vor Jägern flieht. Die alte Haut beginnt sie zu hindern, sie schränkt ihre Bewegungen ein, drückt sie zusammen, wird rauh und sie kann nicht mehr leise und schnell über den Boden gleiten. Praktisch wird sie somit zur Last, und die Schlange muß versuchen, sie so schnell wie möglich loszuwerden. Aber sogar bei einer Schlange, die ja kein Verstand hat, ist der Prozeß des Häutens mit starken physischen Schmerzen verbunden. Mit ihrem tierischen Instinkt erahnt sie ihn im voraus und beginnt allmählich, ihren Körper darauf vorzubereiten. Und eines Tages reißt sie sich die alte Haut mit Gewalt und unter Schmerzen förmlich vom Leib, indem sie ihre Schuppen an Sträuchern und Wurzeln verhakt.

Das kostet sie sehr viel Kraft und sie wird schwach und verletzlich. So sucht sie sich ein Versteck im Boden, wo sie sich vor dem Licht und vor fremden Augen schützt, um ganz allein diesen schmerzhaften Prozeß der Verwandlung zu durchleben, sich daran zu gewöhnen und den neuen Schuppen und der neuen Haut Zeit zu geben, sich zu festigen. Die alte Haut wird unnütz für sie, sie vergißt sie sofort und wird nie mehr und unter keinen Umständen zu ihr zurückkehren. Sie überläßt sie dem Boden und Wind, Regen und Sonne lösen sie mit der Zeit auf. Diesen Vorgang hat die Natur selbst für die Schlange so programmiert. Er hilft ihr zu überleben und ihre Art zu erhalten. Das Gift der Schlange ist nicht nur tödlich, sondern kann auch heilen. Und wenn die Schlange auch ihre alte Haut abstreift, so ändert sie doch nicht ihr Wesen. Sie bleibt trotzdem eine Schlange.

Und beim Menschen ist das auch so. Die Nationalität eines Menschen ist sein Gesicht und seine Seele. Unsere Vorfahren wurden als Deutsche geboren. Die Heimat unserer Vorfahren ist Deutschland. Dort lebten sie und formierten sich als Nation. Warum sie ihre Heimat verließen und hierher in ein fremdes Land kamen, wirst du mit der Zeit aus Büchern lernen.

Aber auch hier in Rußland, in dem für sie fremden Land, änderten sie nicht ihre Nationalität. Sie wurden nicht zu Russen. Sie lebten und starben als Deutsche. Die Natur verlieh den Deutschen solche Eigenschaften, wie einen scharfen Geist, Talent, unversiegbaren Fleiß, Ehrlichkeit, grenzenlosen Lebenswillen und Humor. Diesen unbezahlbaren

Schatz haben unsere Vorfahren an uns vererbt, und wir haben ihn in unsere Seelen und unser Blut aufgenommen.

Keiner braucht sich seiner Nationalität zu schämen und sie je nach Situation zu ändern.

Egal, welche Wirren und welches Elend über die Deutschen kam, mit ihrem Fleiß und ihrer Ehrlichkeit haben sie sich als Nation immer behaupten können. So war es seit jeher und so wird es immer bleiben.

Die Prüfungen, die uns in diesem fremden Land nur dafür auferlegt wurden, das wir Deutsche sind, hat unsere Generation überstanden. Und auch ihr – unsere Kinder – werdet sie überstehen. Ich werde mich nicht von meiner Nationalität lossagen, nur weil das Schicksal so viel Unglück für uns vorgesehen hat. Ich bin stolz, daß ich eine Deutsche bin, und ich wünsche mir keine andere Nationalität. Unsere Eltern sind als Deutsche gestorben, und auch wir, so Gott will, werden als solche begraben.

Und wenn euch oder euren Kindern je das Glück zuteil wird, nach Deutschland zu unseren Wurzeln zurückzukehren, dann soll unser Schicksal all unseren Nachkommen als Warnung dienen.

Raubtiere werden von der Natur mit bestimmten Instinkten und Eigenschaften versorgt.

Wir jedoch werden als Menschen geboren.

Menschen bestimmen ihr Sein selbst, mit ihrem Verstand, der ihnen von Gott gegeben wurde.

Seine Nationalität wechselt der Mensch nur in Ausnahmefällen. Ich denke, daß ihn nur ganz extrem schwierige und komplizierte Umstände dazu bringen können. Aber seine Seele wird ihn dann sein ganzes weiteres Leben keine Ruhe mehr geben. Sie wird entzweit sein zwischen ihrem eigentlichen Wesen und dem ihr fremden Schatten. Um wenigsten für kurze Momente Ruhe zu finden, wird ein solcher Mensch wie eine Schlange ein Versteck für sich suchen, wo er sich nicht nur vor anderen Menschen verstecken kann, die ihn kennen, sondern auch vor sich selbst."

Mutter schwieg für eine Minute, seufzte dann und sagte traurig:

"Ja-a-a... Das Schlimme dabei ist, daß eine Schlange als Raubtier geboren wird, der Mensch aber wird erst durch das Leben dazu."

Sie warf mir einen forschenden Blick zu. Als sie sah, daß meine

Gedanken sich bemühten, das soeben Gehörte zu erfassen, verstummte sie, stützte sich vorsichtig auf ihren Ellenbogen, reckte sich zur Lampe und löschte sie. Dann legte sie sich bequem auf das Daunenkissen zurück und wurde sofort still.

Eine Minute später hörte ich bereits ihren tiefen und ruhigen Atem. Müde von den täglichen Sorgen und Erlebnissen war sie sofort in einen tiefen Schlaf gefallen. Ich dagegen lag noch lange mit offenen Augen wach, um diese mütterliche Predigt tief in mich und in mein Bewußtsein aufzunehmen.

Sie hatte mich vollkommen unvorbereitet getroffen und an den verstecktesten Seiten meiner Seele und meines Seins gerührt, alles von unten nach oben drehend.

Mit ihrer Erzählung hatte sie einen neuen Grundstein für meine Ansichten über das Leben gelegt, vielleicht auch für meine gesamte Zukunft.

Vorbereitungen zu Vaters Rückkehr, Abreiseankündigung

Am nächsten Morgen während des Frühstücks sah mich Mutter forschend und ein wenig besorgt an.

"Du siehst sehr blaß und müde aus und deine Augen sind gerötet. Hast du schlecht geschlafen oder bist du krank?"

Ich denke, sie konnte aus meinem Gesicht lesen, wie aus einem Buch. Sie sah den gequälten Versuch, meine Angst zu verbergen, meine Verwirrung und die unklare, beunruhigende Vorahnung von Veränderungen. Offensichtlich war mein Geist überfordert von dieser riesigen Menge so unerwarteter ernsthafter und bewegender Informationen. Ich hatte Probleme, sie richtig zu sortieren und zu bewerten.

Mit unsicherer Stimme fragte ich:

"Warum haben Sie entschieden, mir das alles, was Sie mein Leben lang so sorgfältig vor mir verborgen haben, jetzt zu erzählen? Für welche Veränderungen möchten sie mich vorbereiten? Was erwartet mich in der Zukunft?"

Wahrscheinlich hatte ich mit meinen Fragen voll ins Schwarze getroffen, denn sie riefen bei meiner Mutter die gleiche Verwirrung hervor, wie bei mir ihre Offenbarungen.

Nach einigen Sekunden antwortete sie:

"Ich sehe, daß Vaters Mühe sich gelohnt hat. Er hat immer versucht, dich für Veränderungen und Schwierigkeiten abzuhärten. Ich glaube, das ist ihm gelungen. Wenn ein Mensch viel durchlebt, lernt er gleichzeitig auch, tiefe Gefühle zu haben. Er entwickelt ein feines Gespür der Orientierung und die seltene Eigenschaft der richtigen Intuition. Diese Eigenschaften helfen ihm im weiteren Leben zurechtzukommen, ohne das eigentliche Wesen seiner Seele zu ändern.

Dann kannst du unter Freunden offen sein und deine gesamte seelische Schönheit und Kraft ausstrahlen, mit denen Gott dich beschenkt hat, mit einem Feind aber kannst du das gleiche kompromißlose und verlogene Spiel treiben, welches er mit dir spielt.

Und jetzt zu deinen Fragen: Nicht nur für dich, sondern für uns alle stehen große Veränderungen an. In meinen Träumen sehe ich voraus, daß wir bald Vaters Tod verschmerzen müssen. Wo werde ich sein, wenn mich diese Nachricht erreicht? Es wäre gut, wenn ich möglichst schnell eine Arbeit und Wohnung finden würde und ihr es noch schafft, zu mir zu kommen. Und wenn nicht? Dann mußt du allein mit diesem Schmerz fertig werden. Darum möchte ich, daß du Bescheid weißt und auf das Schlimmste vorbereitet bist."

Mutter seufzte und fuhr fort:

"Morgen wird Vater aus Pawlodar zu uns gebracht, und in drei Tagen fahre ich fort. Ich darf keine Zeit verlieren. Das schlimmste, was ich tun könnte, wäre neben Vater zu sitzen und auf seinen Tod zu warten. Gebe Gott, daß ich schnell ein neues Zuhause finde und wir alle gemeinsam noch ein paar glückliche Momente erleben können. Wenn es das Schicksal aber anders will, dann müßt ihr Vater ohne mich beerdigen."

Sie seufzte wieder, sah dann auf die Uhr, stand energisch auf, zog ihre Steppjacke über und begann, Sachen einzusammeln und zu packen. Mit ihrer ganzen Art zeigte sie mir, daß das Gespräch hiermit beendet ist.

"Wir müssen packen. Albert hat in der Verwaltung ein Pferd geholt, um die Sachen zu transportieren. Also los jetzt. Heute abend werden wir schon bei Albert sein. Dort müssen wir dann alles für Vaters Ankunft vorbereiten. Unsere Erdhütte wird von einem Taktor zugeschüttet werden. Die Sowchose plant, unseren Gemüsegarten und das Land neben dem Haus an die Gemüseanbaubrigade abzugeben. In zwei bis drei Tagen wird deshalb unser Häuschen nicht mehr sein", sagte Mutter abschließend traurig."

Ungewollte Trennung meiner Eltern

Nach einiger Zeit kam mein Bruder, lud unsere Sachen auf einen Wagen und fuhr uns zu seiner Erdhütte. Dort war für Vater und mich ein kleines Zimmer vorbereitet worden, in das man zwei Betten und einen Nachttisch stellen konnte.

Am Tag darauf gegen Abend wurde Vater im „Geländefahrzeug" des Vorsitzenden aus der Stadt gebracht.

Als ich meinen Vater erblickte – meine Brüder trugen ihn buchstäblich auf ihren Armen aus dem Fahrerhaus –, erschrak ich und dachte:

„Mein Gott, das ist ja mehr ein lebendiges Skelett, wie kann er denn überhaupt noch leben?"

Unter den Armen gestützt führten sie ihn dann in unser kleines Zimmer, setzten ihn auf das Bett, wobei sie rings um seinen Körper zum Halt Kissen stapelten. Nachdem Mutter Vater dann versorgt hatte, kam sie zu mir, zog mich zur Seite und erklärte mir mit gedämpfter Stimme:

„Man darf Vater nicht zeigen, daß er schlecht aussieht. Bring dich in Ordnung und dann kannst du zu ihm gehen."

„In Ordnung bringen" bedeutete für mich: Ich sollte in diesem Moment das grenzenlose Mitleid und das Mitgefühl für meinen Vater, das in meinen Augen zu lesen war, durch ein Lächeln ersetzen. Und das versuchte ich dann auch. Aber kaum war ich zu ihm getreten und umarmte mit einem gequälten Lächeln seinen zerbrechlichen ausgemergelten Körper, hörte ich wie zu früheren Zeiten, daß die Spucke in seiner Kehle geräuschvoll anfing zu brodeln. Ich sah seinen riesiger Adamsapfel ganz schnell auf und niedergehen und merkte, wie er durch die in ihm aufsteigenden Tränen, die er kaum zurückhalten konnte, am ganzen Körper zitterte.

Aber noch schwerer als dieser Tag war der darauffolgend, weil das der Tag war, an dem Mutter abreiste.

Wie Mutter sich auch die ganze Zeit über anstrengte, so gut es ging, Haltung zu bewahren, am Ende versagten auch ihr die Kräfte.

Sie wollte gerade aus dem Haus gehen, als sie plötzlich laut aufschluchzte. Hilflos sah sie alle Umstehenden an und dann, voller Verzweiflung, schleuderte sie im Hof ihre Tasche auf die Erde und rannte zum Vater zurück.

Mit ihren beiden Händen umfaßte sie ihn wie ein Kind, schmiegte sich mit ihrem ganzen Körper an ihn und verharrte so. Dann, als ob sie sich förmlich losreißen müßte, trennte sie sich mit einem Ruck von ihm. Ohne sich umzusehen, rannte sie davon.

Im vollen Lauf ergriff sie ihre Tasche vom Boden und stieg ganz schnell, so als ob jemand hinter ihr herjagen würde, ins Führerhaus des Kolchos-Kippladers, der im Hof auf sie gewartet hatte. Sofort schlug sie die Tür zu. Als der Fahrer ihre Seelenqual sah, gab er wie auf ein Signal hin Gas. Knatternd stieß der Laster eine übelriechende schwarze Abgaswolke aus und nach einer Minute war er hinter der Biegung verschwunden.

So trennten sich für immer zwei Menschen, die einst Not und Kummer zusammengebracht und für lange Jahre fest zusammengeschmiedet hatten.

In diesem Momen fiel mir auf, wie Mutter und Vater einst in den wenigen Tagen der „Stille" im Haus, als Mutter und Vater mit ihren Gefühlen für sich allein sein konnten, sah ich, wieviel Wärme und Zärtlichkeit ihre Augen ausstrahlten. Solche knapp bemessenen Stunden des Glücks waren auch manchmal die langen Winterabende. Mutter deckte dann den Tisch mit einem sauberen Tischtuch, zündete eine Kerze an, und Vater und Mutter nahmen Platz. Bei einer Tasse Tee tauschten sie unbekümmert lustige Geschichten aus ihrem Leben aus, lachten über ihre Streiche und machten sich, verschmitzt lächelnd, gegenseitig Komplimente.

In solchen Stunden ging ich still aus der Küche, um sie allein zu lassen.

Und jetzt am Krankenbett meines Vaters, wußten beide, daß sie sich das letzte Mal angesehen hatten und es der letzte Augenblick ihres gemeinsamen Lebens war. Beide wußten, daß sie sich auf dieser Erde niemals mehr wiedersehen würden.

Als wir wieder ins Haus zurückgegangen waren, entdeckten wir, daß die Tür zu Vaters Zimmer verschlossen war. Albert klopfte an die Tür und rief besorgt:

„Tade?!"

Als Antwort hörten wir:

„Laßt mich. Ich möchte allein sein. Wenn ich etwas brauche, dann rufe ich." Aber er rief niemanden, den ganzen Tag über und auch am Abend nicht. Als alle sich fertig machten, um ins Bett zu gehen, schauten sie sich unschlüssig an. Dann klopfte Albert nochmals an seine Tür. Wir hörten Vater tonlos antworten:

„Ich habe doch gebeten, mich in Ruhe zu lassen!"

Hilflos hob Albert die Arme und sagte zu Lili, daß sie mir zusammen mit den Kindern das Bett in ihrem Schlafzimmer machen solle.

Am nächsten Morgen weckte mich Lili früh, legte mir ein kleines Tablett mit Tee und einem Butterbrot auf die Arme und stieß mich förmlich ins Schlafzimmer zum Vater, ohne jegliche Erlaubnis.

Als ich so ins Schlafzimmer „geflogen" kam, fand ich Vater liegend vor, zurückgelehnt an die Kissen, die wächsernen Hände auf der Zudecke, die Augen weit geöffnet und absolut unbeweglich. Er rührte sich nicht, so als ob er mich nicht gehört hätte.

Ich trat ganz nahe an ihn heran.

„Tade!", rief ich leise.

Keinerlei Reaktion. Noch einmal rief ich ihn laut an. Aber auch dieses Mal reagierte er überhaupt nicht. Dann schrie ich ihn in panischer Angst aus Leibeskräften an:

„Tade, warum schweigen Sie, warum antworten Sie nicht?"

Seine Augenlider zuckten leicht, langsam drehte er mir den Kopf zu, starrte mich ausdruckslos an und sagte:

„Ich habe niemanden gerufen!"

Daraufhin fing ich an zu weinen und platzte heraus:

„Mama hat mich hier gelassen, damit ich nach Ihnen sehe, damit Sie schneller gesund werden und damit wir schnell zu ihr fahren können. Wenn Sie mich nicht brauchen, wozu lassen Sie mich dann hier?"

Nun hob Vater mühevoll seine Hand und suchte eine Stütze. Schnell stellte ich das Tablett auf dem Nachttisch ab, ergriff seine Hand und half ihm, sich aufzurichten. Dann stopfte ich Kopfkissen um ihn herum und stellte das Tablett direkt auf seine Knie.

„Essen Sie ein wenig. Gestern haben Sie den ganzen Tag nichts gegessen."

Gleichgültig schaute er auf das Tablett.

„Ich will nicht essen".

„Dann werde ich auch nichts essen", gab ich prompt und stur zur Antwort und wollte gleich wieder losweinen.

Als Vater dann doch die Hand nach der Teetasse ausstreckte, tat ich schnell noch etwas mehr Zucker hinein, rührte den Tee um, schmierte ein Schmalzbrot und steckte es ihm wie einem Kinde in die Hand. Dabei erklärte ich ihm, daß ich in meinem Bett, das in seinem Zimmer steht, schlafen wolle. Denn ich befürchtete, daß er wieder die Tür über Nacht abschließen könnte.

Indem ich ihm also derart meine Anwesenheit aufzwang, erinnerte ich ihn an mich und seine Pflichten mir gegenüber zu denken. Auf diese Weise lenkte ich ihn von seinen schweren Gedanken und quälenden Schmerzen ab.

Meine Abreise, Ende meiner Kindheit

Wir verbrachten bei Albert noch zwei Monate.

Zu dieser Zeit ging meine Schulzeit zu Ende. Die 7. Klasse war in unserem Dorf auch die Abschlußklasse. Der Gesundheitszustand meines Vaters verschlechterte sich schnell, trotz aller Bemühungen und Hoffnung auf Besserung. Jeden Tag kam jetzt eine Krankenschwester zu uns und spritzte ihm Betäubungsmittel, weil die peinigenden Schmerzen unerträglich für ihn wurden. Meine ständige Anwesenheit belastete Vater jedoch noch zusätzlich: War ich mit ihm zusammen, so strengte er sich an, trotz seiner Schmerzen menschliche Würde zu wahren.

Damals habe ich das noch nicht verstanden, und meine Angehörigen wollten glauben, daß er doch wieder gesund werde und daß ich dabei positiv mitwirken könne.

Eines Tages, nach einem der regelmäßig wiederkehrenden quälenden Schmerzanfälle, rief Vater seinen Sohn Albert zu sich und hinter ihnen verschloß sich die Tür.

Nach einiger Zeit kam Albert sehr aufgeregt heraus und sagte zu seiner Frau:

„Ich muß ins Kontor fahren." Lili schaute ihn verständnislos an.

„Ich werde mich nicht lange aufhalten", antwortete er unbestimmt. „ Wenn ich zurückkomme, werden wir Valinas Bett aus Vaters Zimmer tragen und es zu uns ins Schlafzimmer stellen. Alles übrige besprechen wir heute abend. Stört Vater jetzt nicht, er will sich ausruhen."

Dann legte er eilig seine Arbeitskleidung ab, nahm ein frisches Hemd und eine saubere Hose aus dem Schrank und zog sich an. Gleich darauf bestieg er das Fahrrad und schon radelte er los zum Kolchos-Kontor.

Mich überfiel eine ungute Vorahnung. Unbedingt mußte ich wissen, was in meiner Abwesenheit in Vaters Zimmer geschehen war. Warum fuhr Albert so eilig ins Kontor? Was wird geschehen, wenn er von dort wieder zurückkommt? Lili hatte auch nichts verstanden und mir blieb nichts anderes übrig, als geduldig die Rückkehr meines Bruders abzuwarten.

Trotz der traurigen Situation rebellierte es in meinem Inneren.

„Warum werden alle Fragen, die mich direkt betreffen, ohne mich entschieden? Was hat sich Vater wieder ausgedacht? Worauf muß ich mich jetzt wieder vorbereiten?"

Um meine Erregtheit nicht zu zeigen, ging ich in den Gemüsegarten, nahm eine Hacke, um die Erde zwischen den Tomatenreihen aufzulockern und wartete derart beschäftigt auf meinen Bruder. Als er an der Biegung zu unserem Haus auftauchte, hörte ich sofort mit meiner Arbeit auf und rannte zu ihm hin. Und mehr eine Antwort fordernd als fragend, rief ich ihm zu:

„Was haben Sie mit Vater wieder ohne mich ausgedacht? Ich bin kein kleines Kind und will alles wissen!"

„Du wirst alles auch sofort erfahren, gehen wir ins Haus", antwortete er niedergeschlagen.

Inzwischen war es schon Mittag geworden, und Lili trug Vater auf einem Tablett das Essen ins Zimmer. Ich deckte in der Küche den Tisch. Bevor wir zu essen anfingen, wandte sich Albert an mich:

„Du willst wissen, worüber ich mit Vater gesprochen habe. Nun gut, er hat mir seinen letzten und kompromißlosen Wunsch aufgetragen: Wir sollen dich zur Mutter schicken, und das so schnell wie möglich. Das ist seine inständige Bitte", sagte mein Bruder mit matter Stimme. "Vater fühlt sich sehr schlecht, und er wird nicht wegfahren. Er will hier sterben. Nun gibt es nur die Schwierigkeit, Leute zu finden, denen wir dich anvertrauen können und die in die Richtung fahren, wo Mutter sich befindet. Wie ich aber jetzt im Kontor erfahren habe, hält sich eine unserer deutschen Familien schon in Pawlodar auf und wartet auf den Zug. Sie können dich mitnehmen und auf der Station Tschu Mutter übergeben. Um sie noch zu erreichen, bleibt uns wenig Zeit. Entschuldige, daß das alles so gekommen ist, aber ich führe nur Vaters Willen aus."

Zuerst blieb ich ganz hilflos und starr auf meinem Platz am Tisch sitzen, überdachte die Situation.

Langsam jedoch begriff ich, daß mir ein endgültiger Entschluß mitgeteilt worden war. Und dann wollte alles das, was ich die ganze Zeit versucht hatte, zurückzuhalten, in wildem Protest aus mir herausbrechen.

Ruckartig stand ich von meinem Stuhl auf, stieß ihn mit dem Fuß so heftig zurück, daß er mitten ins Zimmer flog und rannte, so schnell ich konnte, nach draußen. Die Tür schlug ich so fest zu, daß im Haus die Scheiben klirrten.

In mir war eine ungeheure Erregung.

„Alles wird hinter meinem Rücken entschieden. Niemand macht sich die Mühe, mich zu fragen, ob ich das will oder nicht", dachte ich.

Auf der Straße sah ich mich um. „Wohin soll ich laufen, wo finde ich einen Platz, um mit meinen Gedanken allein zu sein?

Unsere Erdhütte am Dorfrand hatte man schon abgerissen, aber wahrscheinlich stand immer noch der Strohschober vom letzten Jahr auf dem Hof", wirbelte es mir im Kopf herum.

Getrieben von der Verzweiflung über die bevorstehende Trennung, dem Mitleid mit Vater und mit mir selbst, lief ich eilig zu unserem ehemaligen Haus. Mit diesem Ort waren die frohesten und hellsten Erinnerungen meines Lebens verbunden. Deshalb zog es mich offensichtlich auch in den Stunden des Kummers dorthin.

Unsere einstmals kleine, aber gemütliche Erdhütte, hob sich vor dem Hintergrund der grenzenlosen Steppe Kasachstans schwarz ab und sah aus wie ein riesige Scholle aus untereinandergemischten Lehm- und Strohklumpen, durchsetzt mit Balken- und Trägerstücken, welche die Dorfbewohner noch nicht zum Verheizen weggeholt hatten.

Ein Gefühl aus müstischer Angst und Scheu gegenüber dem vertrauten elterlichen Heim zog mich wie ein Magnet zu diesem Ort hin, flößte mir wegen der bevorstehenden nahen Trennung schmerzhafte Trauer ein. Hier in den vor mir liegenden Trümmern wurde mir jahrelang so viel menschliche Liebe, Fürsorge und Behaglichkeit geschenkt. Mir war, als ob mich irgendeine Kraft Unsichtbaren an diesen Ort mit unsichtbaren Fäden hingezogen hätte und mich nicht loslassen wollte. Der Strohschober stand noch unberührt da. Wie in meiner Kindheit, schaufelte ich mir mit den Händen eine Öffnung frei und vergrub mich in seinem Inneren. Allein mit mir, versuchte ich ruhig, mit allem fertig zu werden und schließlich schlief ich ermüdet ein.

Nach einiger Zeit vernahm ich lebhafte Frauenstimmen. Ich erkannte sie sofort: Es waren unsere Schwiegertöchter Wolodina Frieda, Lili und Klara.

Nach wenigen Sekunden standen sie neben mir. Klara, eine schöne Blauäugige mit hellblonden Haaren, die gern scherzte und lachte – sie war die Ehefrau meines Bruders mütterlicherseits – setzte sich neben mich und begann auf mich einzureden:

„Sag mal, hast du etwa gedacht, daß wir dich nicht gesehen haben, als du so überstürzt nach Hause gerannt bist? Alles haben wir gesehen, nur haben wir beschlossen, dich allein zu lassen. Ich war schon einmal hier, aber da du so schön geschlafen hast, tat es mir leid, dich zu wecken.

Steh auf, es ist schon spät, wir gehen zu uns und dort übernachtest du heute!"

Ich kroch aus meinem Versteck heraus, und wir gingen zusammen zur Erdhütte des Bruders. Bis spät in die Nacht hinein saßen wir zusammen und sprachen über die bevorstehenden Veränderungen. Auch sie warteten mit ihrer Familie auf eine Nachricht von Mutter und hatten vor wegzufahren, sobald sie etwas von ihr gehört hätten. Die Ungewißheit erregte alle und machte allen Angst, aber die Hoffnung auf ein besseres Leben zwang die Menschen, etwas zu unternehmen, irgend etwas Neues zu suchen und auch ein Risiko einzugehen.

An diesem Abend teilte mir Klara mit, daß meine Abfahrt für übermorgen vorgesehen sei. Nach Pawlodar würde mich der Parteiorganisator mitnehmen, der in dienstlicher Angelegenheit dorthin fahren müsse.

Als ich am nächsten Morgen erwachte, sah ich aus dem Küchenfenster. Das erste, auf dem mein Blick hängenblieb, waren die Überreste unserer kleinen Erdhütte. Jedes Mal, wenn ich in ihre Richtung blickte, erfaßte mich immer wieder eine abergläubische Sehnsucht.

„In einem Jahr werden von den Hausresten wohl nur noch niedrige Hügel übriggeblieben sein", schoß es mir durch den Kopf. „Im nächsten Frühjahr wird ein Traktor angefahren kommen und diese Erde für die Getreidesaat aufpflügen. Und alles wird verschwunden sein, so als ob dort nie unser zu Hause gestanden hätte.

Leb wohl, Heimat, leb wohl, Grassteppe, leb wohl, meine schwere und doch so glückliche Kindheit!"

Meine Eltern

Mein Vater Johannes Miller war zweimal verheiratet:
1. Ehe mit Maria Grugel, deren gemeinsame Kinder:
- Johannes Miller, 1916
- Maria Miller, 1919
- Rajmund Miller, 1922
- Albert Miller, 1925
- Waldemar Miller, 1927
- Paul Miller, 1929

Diese wurden bei 2. Eheschließung in die neue Verbindung mitgebracht.

Meine Mutter, Maria Miller, geb. Huck
1. Ehe 1925 mit einem Witwer, Heinrich Herrhert (wurde 1930 erschossen, als Feind des russischen Volkes), dessen Kinder Amalija, Maria und Olga sie aufzog. Aus der 1. Ehe stammen Kinder – Hannes und Adolf Herrgert (die am Leben blieben)
2. Ehe mit Karl Weber, 1934 (wurde 1937 erschossen als politisch unsicheres Element und Feind des russisches Volkes) Aus der 2. Ehe stammt Nelli Weber
3. Ehe mit Johannes Miller Aus der 3. Ehe stamme ich, Valentina Miller

Ich wuchs mit neun Halbgeschwistern auf: Johannes, Maria, Rajmund, Albert, Waldemar, Paul, Adolf, Hannes, Nelli. Meine Mutter Maria Müller (geb. Huck) hat aber insgesamt 13 (dreizehn) Kindern das Leben geschenkt, wovon im Sänglings – und Kinderalter 9 vor meiner Geburt schon gestorben waren.

INHALTSVERZEICHNISS

1. Vorgeschichte 11
2. Vater und der sterbende Wolf 13
3. Ankunft einer Zigeunerfamilie, Aufnahmevorbereitungen, Strudel 23
4. Meine geheime Fluchtstrohunterkunft, Kampf meiner Mutter gegen den Kommandanten 28
5. Meine Eltern, ihre Art mit schwierigen Situationen umzugehen 33
6. Der Kolchosevorsitzende mit Zigeunerblut 37
7. Zusammenleben und Erlebnisse mit den Zigeunern 39
8. Zigeunerlager, die Zigeunerprophezeihungen 46
9. Erfüllung der ersten Prophezeihung 49
10. Südkasachstanischer Frühlingssonnenuntergang 51
11. Mein Bruder Paul – zweite Prophezeihung unserer Zigeunerin 53
12. Verhaftung und Verurteilung meines Vaters 60
13. Mein Bruder Albert, dessen Erinnerungen – die grauenhafte Strecke der Vertreibung 63
14. Adolf 71
15. Meine Mutter, Erinnerungen an die Erlebnisse mit Adolf 73
16. Mutter erzählt ihre Lebens – und Familiengeschichte 82
17. Über seine Eindrücke und Erlebnisse in den Jahren von 1941 – 1943 berichtete mein Bruder Albert weiter: 87
18. Alberts erste und einzigen Liebe, das Wiedersehen 91

19. Die Puppe 93
20. Hochzeit, die Spucke 97
21. Die dritte Prophezeihung der Zigeunerin 106
22. Selbstcharakterisierung 118
23. Vaters Sehnsucht nach Deutschland – dem Land seiner Ahnen, Bilder aus seinen Erinnerungen und Träumen 120
24. Das Krankenhaus, Fieberträume 128
25. Unser Spaßvogel Wolodja 134
26. Stalins Tod, angeordneter Trauertag 141
27. Das russische „Tauwetter" 146
28. Meine Fragen – Mutters Antwort 155
29. Vorbereitungen zu Vaters Rückkehr, Abreiseankündigung 158
30. Ungewollte Trennung meiner Eltern 160
31. Meine Abreise, Ende meiner Kindheit 164

Meine Eltern 169